나의 상상은
현실이 된다

나의 상상은
현실이 된다

이 도 원
(클레어)

꿈꾸는 대로 이루어지는 마음 주문

목표를 향해 숨 가쁘게 달리다가도
문득, 불안과 조바심이 고개를 든다.

"내가 할 수 있을까?"
"과연 이게 될까?"
"끝이 있을까?"

반복되는 일상,
불확실한 미래에 대한 불안.
마치 끝이 보이지 않는 터널을 헤매는 느낌이다.

'어디까지 온 걸까?'
기약 없는 기다림에 조금씩 지쳐간다.

다른 사람들은 다 앞으로 나아가고 있는데
나만 제자리인 건 아닌지…….

초라한 기분이 든다.

스스로에 대한 믿음과 확신이 없으면
꿈도 점점 흐릿해진다.

나의 학창 시절이 그랬다.

고등학교 2학년 말, 친구들이 물었다.

"도원아, 너는 무슨 학과에 가고 싶어?"

그때마다 나는 마음속으로만 되뇌었다.

'나는 의사가 되고 싶어.'

내신 평균 3등급.
의사가 꿈이라고 말하면
누군가는 비웃을 것 같아서
차마 말할 수 없었다.

아무리 열심히 해도
성적이 잘 나오지 않았다.
제자리걸음만 하고 있는 것 같았다.

내가 너무 큰 꿈을 꾸고 있는 걸까?
나를 의심하고 자책했다.

그래도 멈추지 않았다.

의사가 되는 상상을.

재수를 했다.

편입을 했다.

다른 길이 있을까 해서 취직도 해봤다.

하지만 꿈과 멀어질수록
꿈을 향한 마음은 더 간절해졌다.

짧은 회사 생활을 접고
다시 의대 편입을 준비했다.

의대 입시를 4개월 남겨놓고
아무에게도 말하지 않고
집에 틀어박혀 공부만 했다.

초심을 떠올렸다. 그리고 결심했다.
어릴 적 나와 한 약속을 반드시 지키겠다고.
돌아가더라도 끝까지 가보겠다고.

결국 나는 의대생이 되었다.
상상에 불과했던 꿈이 현실이 되었다.

＊

결핍과 열등감으로 얼룩진 나를
터널 밖으로 이끌어주었던 것은
다른 누구도 아닌 나 자신이었다.

＊

나를 온전히 믿을 것.
결국엔 이루어진다는 마음으로
계속 꿈을 그려나갈 것.

＊

그런 마음으로,
오늘도 나는 마음의 주문을 왼다.

'나의 상상은 현실이 된다.'

"인생이란, 용기를 내 미지의 세계로   들어가는 거예요."

「월터의 상상은 현실이 된다」 중에서

Chapter

1

첫걸음을 떼면 모험은 시작된다

Chapter
2
약간의 용기만 있으면 돼

Chapter
4

상상이 현실이 되는 기쁨

다시,
꿈을 꿀 시간

나는 공부하는 엄마다. 꿈에 그리던 의대생이 되어 지금은 의사 국가고시를 앞두고 있다. 동시에 한 아이의 엄마로 더없이 행복한 나날을 보내고 있다. 하지만 그와는 별개로 공부와 육아를 병행하는 생활은 녹록지 않다.

나의 하루는 새벽 5시에 시작된다. 일어나 아침밥을 준비하고 집안일을 해놓고 6시 30분에 집을 나선다. 아침 7시부터 저녁 6시까지는 병원에서 실습을 한다. 끝나면 집으로 출근해 육아를 하다가 아기가 잠든 11시 이후 늦은 밤부터 학교 과제나 발표 준비를 한다.

아기를 재우고 다시 책상 앞에 앉아 창문 너머의 고요한 어둠을 들여다본다. 시험을 앞둔 날 동이 트기를 기다리는 새벽녘, 졸음을 쫓기 위해 조심스레 연 창문 사이로 찬 공기가 느껴질 때면 나는 어느새 내게 처음 꿈이 생긴 시절로 거슬러 올라간다.

어린 시절, 나는 탁한 눈으로 살아가는 아빠를 보며 아빠처럼 아픈 사람을 고쳐주는 의사가 되고 싶었다. 그러나 그 꿈을 누구에게도 말하지 못했던 건 내신 3등급이라는 절망적인 성적 때문이었다. 아무도 나에게 무엇이 되고 싶은지 묻지 않았다. 넉넉하지 않은 집안 형편과 좀처럼 오르지 않는 성적은 언제나 내 발목을 잡았다. 성적에 맞춰 대학에 갔지만 꿈마저 포기할 순 없었다. 그래서 학교를 쉬고 돈을 벌며 편입을 준비했다. 하지만 의대에는 가지 못했다. 차선의 선택으로 두 번째 대학에 입학했다.

두 번째 대학을 졸업하고는 곧장 대기업에 인턴으로 입사했다. 3개월 뒤 정직원이 되었지만 일주일 만에 퇴사했다. 돈을 벌어야 했기 때문에 월급을 뿌리치기 힘든 상황이었다. 숨 돌릴 틈 없이 일하고 모든 약속과 휴식은 주말로 유예해 숙제처럼 해결하면서 바동거리며 살다보면, 25일에 어김없이 월급이 들어와 카드값을 메꿔주었다. 이런 삶을 원하지 않는다 해도 한번 궤도에 올랐다간 다시 내려오기 힘들 것 같았다. 역시 의사라는 꿈이 포기되지 않았다. 길을 가다 병원 간판을 보면 눈이 돌아가고 병원에서 의사 가운을 보면 눈을 뗄 수 없는 지경이 되었다. 나는 또 한 번의 편입을 준비했다. 의대 입시에서 몇 번을 떨어지고 나서 그만뒀던 학원에 다시 등록하러 간 날, 당시 선생님이 말했다. "왔니? 다시 올 줄 알았어. 꿈은 포기되는 게 아니라니까."

그렇다. 우리는 꿈을 포기하는 게 아니라 외면한 채 살아간다. 나는 한 번의 재수와 두 번의 편입 끝에 결국 의대에 입학했다. 아무도 묻지 않았지만 나는 나와의 약속을 지켰다.

의대생으로서 순탄할 줄만 알았던 내 인생은 새로운 국면을 맞았다. 캠퍼스 커플로 남편을 만나 결혼을 하고 아이를 낳게 된 것이다. 의대생이 되자마자 원 없이 공부해볼 겨를도 없이 아기 엄마가 되었다. 기쁘면서도 한편으로는 너무 버거웠다. 새벽에 시작해 새벽에 끝나는 일과를 몇 년간 반복했다. 끝이 보이지 않는 현실이 막막했고 고충을 나눌 사람이 없어 외로웠다. 숨통을 틔우고 싶다는 생각이 절실했던 때 유튜브를 시작했다. 담담하게 내 이야기를 털어놓은 첫 영상의 조회수가 300만을 돌파하며 화제가 되었다. 다른 듯 비슷하게 살아가는 사람들로부터 응원의 댓글과 메시지가 쏟아졌다. 절망적이라고 생각했던 내 삶을 누군가는 희망이라 말해주었다. 열심히 사는 당신을 보니 나도 할 수 있을 것 같은 용기가 생긴다고.

유튜브가 계기가 되어 진로 문제로 고민 중이거나 나처럼 의사의 꿈을 품은 학생들이 고민 상담을 요청해 오기도 한다. "어떻게 해야 할까요? 이래도 될까요?" 그때마다 나는 이렇게 대답한다. "해보세요. 될 거예요. 지금은 아니더라도 언젠가 될 거예요." 그게 사실이니까. 끝까지 하면 언젠가는 된다. 나는 한 번에 되지 않더라도 결국엔 이루어진다는 마음으로 이상과 목표를 점차 높여갔다. 어느새 서른하나. 성장은 현재진행 중이다.

2013년에 개봉한 영화 「월터의 상상은 현실이 된다」는 16년째 잡지사에서 일해 온 월터가 잡지 마지막 호 표지 사진을 찾아오라는 미션을 받으며 특별한 모험을 하게 되는 이야기다. 월터는 반복되는 평범한 일상을 살지만 상상을 통해 특별한 순간을 꿈꾸는 사람이었다. 나는 상상은 영화에서만 실현되는 신기루 같은 것이 아니라 현실이 될 수 있다는 것을 독자들과 나누고 싶다. 의대 공부와 육아를 병행하는 일상과 한 해 목표를 공유하는 것을 주제로 영상을 만들어 유튜브에 올렸다. 나와 같은 꿈을 꾸는 사람 딱 열 명만 모이면 좋겠다고 생각하며 올린 하나의 영상이 순식간에 수많은 사람들에게 퍼졌고, 구독자 13만 명을 얻었다. 영상 아래에 달리는 댓글은 그 자체로 감동이었다. 올해도 힘내서 달려보자고, 할 수 있을 거라고, 얼굴도 모르는 사람들과 마음을 나눈 이 경험은 이루 말할 수 없는 뭉클함을 안겨주었다. 그 힘으로 한 해를 살았다고 해도 과언이 아니다.

머릿속에 그린 또 하나의 상상은 작가가 되는 것이었다. 유튜브로 나눈 이야기를 책으로 엮어 보다 많은 이들과 연결되는 경험을 하고 싶었다. 유튜브를 본 몇몇 출판사에서 출간 제안이 왔고, 나는 그중 한 곳과 계약을 맺은 뒤 책을 쓰기 시작했다. 일기와는 달리 독자를 상상하며 글을 써야 했기에 생각보다 고되었다. 하지만 산 너머 산이었던 책 만드는 과정도 어느새 끝나가고 그 상상 역시 현실이 되어가고 있다.

이 모든 것은 결과를 모르고 시작한 일이었다. 그런데 이루어졌다. 목표를 공표하고 일단 시작했다. 그 시작의 힘이 나를 계속 나아가게 했고 다양한 사람을 만나 원하는 일을 벌일 수 있게 했다. 나는 내 머릿속에서 시작되는 상상의 힘을 믿는다. 올해도 대차게 상상을 한다.

'의사 국가고시 합격하기'
'용기와 영감을 주는 작가 되기'

상상이 현실이 되는 경험을 여러 번 해보니 너무나 커 보였던 꿈도 못 이룰 이유가 없다는 생각이 든다. 머지않은 미래에는 뜻이 맞는 사람들과 함께 '미혼모 학교'를 설립하고 싶다. 아이를 키우며 공부를 하다 보니 자립과 양육의 어려움에 처한 미혼모의 고통을 조금이나마 알게 되었다. 혼자 아이를 키우는 엄마들이 꿈을 포기하지 않았으면 좋겠다. 궁극적인 인생 목표는 '학교'를 세우는 것이다.

조금 더 욕심내자면 꿈을 이루기 위해 노력하는 사람들과 함께 뛰는 러닝메이트가 되고 싶다. 종종 유튜브 구독자들에게 메시지가 온다. "저 합격했어요. 외롭고 힘들 때 힘이 되어주셔서 감사합니다." 나는 그저 나를 위한 일을 했을 뿐인데 누군가는 용기를 내고 나아갈 힘을 얻었다고 했다. 돌이켜 보면 나의 성취도 오로지 나의 노력으로만 이루어진 것이 아니었다. 주위 사람의 도움이 있었고 어느 정도 운도 따랐다. 반대로 나의 결정과 행보를 응원하는 사람이 아무도 없을 때에는 잘하던 일에서도 자신감이 떨어지고 위축되었다. 중요한 순간에 힘이 되는 말 한마디의 필요성을 절감하며 나는 응원이 필요한 사람들 곁에서 보폭을 맞춰 뛰기로 결심했다. 시도하고 실패하고 가끔 길을 잃고 헤매기도 하겠지만 결국 결승점에 도착할 우리 모두의 모습을 그려본다. 상상을 현실로 만들기 위한 모험은 앞으로도 계속될 것이다.

이 책을 읽고 있는 독자에게 나의 이야기가 러닝메이트가 되어줄 수 있다면 더 바랄 것이 없겠다. 외면하고 살았던 꿈이 있다면 다시 용기 낼 힘을 얻기를, 꿈을 향해 달리고 있다면 끝까지 이루어낼 힘을 얻기를 바란다.

이도원

Chapter

1

첫걸음을 떼면 모험은 시작된다

의사가 되기로
다짐했다

　　사람은 자신의 가장 취약한 부분이 자극될 때 꿈이 생긴다. 내 안의 동기가 크게 증폭되고 들끓어 오르는 순간이기 때문이다. 나에게도 그런 순간이 있었다.

　　우리 아빠는 온갖 시위에 활발히 참여한 '어린' 대학생이었다. 온 가족이 다닥다닥 붙어 자는 단칸방에 살던 아빠는 지독

한 가난이 싫어서 고등학교 대신 곧장 대학교에 진학하기로 마음먹고 검정고시를 치렀다. 그렇게 열일곱 살에 대학교에 입학한 아빠는 최루탄과 화염병으로 점거된 서울역 한복판에서 눈부시게 찬란한 젊음을 보냈다. 1987년 6월, 전국적으로 날마다 시위가 이어졌다. 학생과 직장인 가릴 것 없이 모두 거리로 나왔다. 짧은 시간 안에 결집된 국민의 단합 덕에 노태우 전 대통령의 6·29 선언이 공표되기 직전이었다. 아빠는 서울역에서 출발해 명동 사보이호텔로 도망가는 길이었다.

탁—

경찰의 최루탄 발포 소리가 하늘에 울리자 순식간에 온 거리가 연기로 자욱해지고 매캐한 냄새로 뒤덮였다. 외마디 비명과 함께 깜깜해진 눈앞. 맑고 총명했던 아빠의 오른눈에 최루탄 파편이 튀었다. 파편에 맞은 청년들이 거리에 떨어지는 낙엽처럼 바닥에 쓰러졌다. 참으로 눈부셨던 그 서울의 봄날, 아빠는 왜 하필 눈에 최루탄을 맞았을까. 그날 이후 아빠의 오른눈은 빛을 보지 못했다.

내 오랜 기억 속 아빠는 초점 잃은 눈으로도 항상 나를 향해 따뜻하게 웃어주었다. 외눈으로는 공간지각능력이 떨어지기 때문에 같이 뛰어놀아 주진 못해도 집에 있는 온갖 책을 몇 번이고 읽어주셨다. 그때는 어려서 남들과 다르면 이상하게 볼 수도 있다는 걸 알지 못했다. 초등학교 1학년 어느 날 친구가 아빠의 눈을 보고 "너네 아빠는 왜 도깨비 눈이야?" 하고 무심코 물었을 때 마음에 돌덩이가 하나가 턱 하고 떨어졌다. 그 한마디가 나를 그 돌덩이에 묶어 깊은 바다로 끌어 내리는 것 같았다. 그 전까지 나는 단 한 번도 아빠의 눈이 도깨비 같다는 생각을 해본 적이 없었기에 충격이 컸다. 하지만 친구들 앞에서는 아무렇지 않은 척 지나갔다.

그 후 학교에서든 학원에서든 준비물을 두고 와도 아빠에게 SOS를 치지 않았다. 그냥 혼나고 말았다. 집에 두고 온 물건이 있으면 지각을 하면서까지 직접 다시 돌아가 가져왔다. 한번은 친구들의 시선이 닿지 않게 학교에서 멀찍이 떨어진 곳에서 아빠에게 신발주머니를 받아 터덜터덜 교실로 돌아온 적도 있다. 친구들에게 놀림을 받는 게 죽도록 싫을 나이에 나의 치부를 들켜버린 느낌이었다.

내가 초등학교를 다니는 동안 아빠는 우리나라에서 제일 크다는 병원들을 오가며 뒤늦게 치료를 받았다. 바쁘게 통원 생활을 하던 어느 날 아빠가 물었다.

"딸, 아빠가 눈을 바꾸려고 하는데 우리 딸처럼 보석 같은 눈은 박을 수가 없대. 그래서 의안 있지? 가짜 눈. 그걸 박으려고 하는데 의안은 초점에 따라 눈동자가 움직이지 않는대. 인형 눈처럼 말이야. 지금 이 탁한 눈은 그래도 시선을 따라 움직이긴 하잖아. 의안을 박으면 그렇게 안 된대. 우리 딸은 아빠 눈이 어땠으면 좋겠어?"

여덟 살 인생에 던져진 가장 어려운 질문이었다. 아빠는 고개를 푹 떨구고 있어서 보이진 않았지만 분명 울고 있었다. 한동안 정적이 흘렀다.

"난 아빠의 지금 눈이 제일 좋아. 그대로 살자. 그리고 잘 살자. 아빠가 어떤 눈이든 상관없어. 내가 아빠 눈이 되어줄게. 걱정 마."

그날의 대화가 불씨가 되어 나를 여기까지 이끌었다. 누구에게도 말하지 않았지만 의사가 되기로 처음 다짐한 순간이었다. 아빠처럼 아픈 사람을 고쳐주는 의사가 되겠다고 결심했다. 어린 내가 당장 할 수 있는 일은 없었다. 하지만 두 가지는 확실히 알게 되었다. 소중한 것들을 지키기 위해서는 강해져야 한다는 것, 그리고 다가올 인생을 열심히 살아야 한다는 것.

초심을
떠올릴 때

간절한 마음만으로는 목표를 이룰 수
없다. 의사가 되겠다는 목표가 생겼지만 되고 싶다는 열망만으
로 이룰 수 있는 꿈이 결코 아니었다. 학창 시절 내내 높은 성적
을 유지해야 하고 봉사 시간도 필요하며 입학 지원서에 쓸 만한
그럴듯한 사연도 있어야 했다. 그렇지만 슬프게도 고등학교 시
절의 나는 아무리 열심히 해도 성적이 오르지 않는 학생이었다.

고등학교 2학년 말쯤 되면 친구들끼리 이런 질문을 주고받는다. "너는 무슨 학과 가고 싶어?" 그때마다 나는 의대에 가고 싶다고 솔직하게 말하지 못했다. 누구라도 평균 3등급인 내 성적으로는 이룰 수 없는 꿈이라고 생각할 테니까. 특히 수학 성적을 생각하면 의대는 더더욱 터무니없는 꿈이었다. 그럼에도 나는 의대에 가고 싶었다.

가장 큰 문제는 평균 3등급이라는 성적이었다. 공부를 안한 건 아니었다. 오히려 너무 열심히 했다. 선생님의 농담까지 다 받아 적는 학생이 바로 나였는데 성적은 그다지 높지 않았다. 이과에서 수학은 가성비 최고의 과목인데, 당시 내 수학 실력은 답답한 수준이었다. 대학수학능력시험에서 이과의 수리(가)형은 100분 동안 30문제를 풀어야 하는데, 그중에는 '킬러 문제'라고 불리는 난이도 높은 몇 문제가 포함되어 있다. 성적의 변별력을 확보하기 위해 출제되는 이 문제들은 상위권 대학의 당락을 가르는 중요한 역할을 했다. 그런데 나는 한 번도 그문제들을 시간 내에 푼 적이 없었다. 하루는 정말 궁금했다. '나는 정말 그 문제를 못 푸는 걸까? 시간이 충분히 주어지면 풀 수 있지 않을까?' 그래서 시간 제한을 두지 않고 몇 시간 동안 그

문제들에 매달려 보았다. 그렇게라도 해서 문제가 풀린다면 가망이 있다고 보고 의대에 진학하는 것을 포기하지 않을 생각이었다. 하지만 결과는 참혹했다. 당시 나는 아무리 시간을 써도 킬러 문제를 풀 수 없는 학생이었던 것이다.

엄마에게는 매년 학부모 상담을 할 때마다 담임 선생님께 펼치곤 하는 레퍼토리가 있었다.

"얘가 공부를 안 해서 그렇지, 열심히 하면 또 잘하는 아이거든요."

그 오래된 레퍼토리는 거짓으로 밝혀졌다. 나는 누구보다 열심히 했지만 잘하지는 못했다. 어중간한 점수를 받는 것은 오히려 비극이었다. 단칼에 포기할 수가 없기 때문이다. '수학을 못하는데 어떻게 의대를 가' 하고 자기객관화를 했다. 직선 도로는 못 타겠으니 일단은 의대를 포기하더라도 하는 데까지 최선을 다해서 대학을 가자고 스스로를 다독였다.

고등학교를 졸업하고 순조롭게 대학교에 진학하면 좋았겠지만, 그러지 못했고 결국 재수를 해야 했다. 그러나 성적에 큰 변화는 없었다. 독서실, 학원, 집만을 반복했다. 문제집이 허리 높이만큼 쌓이도록 풀었고 키보드의 키가 빠질 만큼 인터넷 강의를 들었는데도 결과는 그대로였다. 성적은 오르지 않았고 애초에 원하는 대학에 떨어질 일도 없었다. 의대에 원서조차 써보지 못했으니까. 수능 전날, 내일이면 다 버릴 수 있다는 마음으로 방 한편에 쌓아둔 수험서를 꺼내 정리했다. 혹시나 하는 마음으로. 그렇게 재수 끝에 대학교에 입학했다. 내가 누구보다 열심히 했다는 걸 아는 엄마는 의대에 합격하지 못한 내게 애써 아쉬운 표정을 감추는 것 같았다.

"엄마, 일단 하는 데까지 해볼게. 그리고 대학 입학 후에 편입에 도전할 거야. 어떻게든 의대까지 가보고 싶어."

"딸, 그게 쉬운 줄 아니?"

"나도 알지, 어려운 건. 쉽진 않겠지만 끝까지 해보겠다고, 엄마."

엄마는 내 굳은 각오에 놀라셨고 한동안 그냥 지켜만 보셨다. 그렇게 1년을 지켜보시더니 4.5점 만점의 학점을 보시고부터는 그 흔한 잔소리 한마디 없이 정말로 기다려주셨다. 그때부터였을까? 어느 정도 성과를 이루자 자신감이 붙기 시작했다. 자신감이 붙자 희망이 보였다. 잊고 살았던 나의 초심이 다시 고개를 들었다. 성적 때문에 잊고 살았던 나의 꿈. 아빠처럼 아픈 사람을 고쳐주는 의사가 되겠다고 다짐했던 나의 초심.

결국 나는 의대생이 되었다. 평일에는 발표 준비를 하고 금요일에는 한 주를 마무리하며 보고서를 작성하느라 바쁜 시간을 보낸다. 그토록 꿈꾸던 의대에 왔지만 현실은 의사가 되고 싶었던 이유에 대해 생각할 겨를도 없이 바쁘게 하루가 지나간다. 과를 바꿔 실습을 돌면서 타성에 젖기도 했다. 그러다 안과 실습을 돌면서 다시 한번 초심을 떠올렸다. 시력을 잃을까 두려움에 떨며 어두운 표정으로 들어온 환자를 보면서, 먼 타국에서 코리안 드림을 품고 와 산업 재해로 시력을 잃은 외국인 노동자를 보면서 내가 왜 의사가 되고 싶었는지 돌이켜 보게 되었다. 비록 아빠의 눈은 치료 시기를 놓쳤지만, 희망이 필요한 환자들에게 빛을 찾아주는 안과 선생님들을 보면서 나는 한 번 더 다짐한다. 도움이 절실한 사람들을 위한 의사가 되겠다고 말이다.

'플랑크톤 계획' 세우기

가까운 미래에 목표를 이루는 방법은 간단하다. 지금 할 수 있는 일을 하면 된다. 그런데 뭐부터 시작해야 할지 모르겠다면? 쪼개서 생각해보자. 먼저 1년 단위로 해야 할 일을 나눈 다음, 그것을 다시 지금 당장 해야 할 일로 구체화하는 것이다.

나는 단순하지만 여러 목표와 연결되어 있으며 지금 당장 가볍게 시작할 수 있는 일을 '플랑크톤 계획'이라 정의했다. 플랑크톤은 해양 먹이사슬의 최하층 생산자에 해당하는 부유생물이다. 식물성 플랑크톤이 크게 성장해 이들이 영양을 풍족하게 공급하면 이를 먹고 사는 동물성 플랑크톤이 번성하고, 동물성 플랑크톤을 먹고 사는 육식성 어류 및 지어가 차례로 번성하며 덩치를 키워 수산자원이 전체적으로 풍부해진다. 그렇기에 목표를 이루려면 우리는 이런 플랑크톤 계획을 찾아야 한다.

큰 목표를 이루기 위한 단계별 목표를 세분화하면 전체 목표를 피라미드 구조로 만들 수 있다.

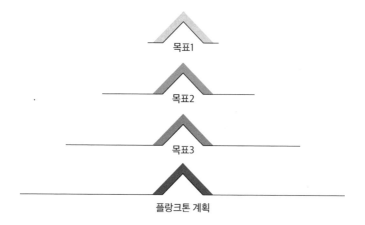

목표1

목표2

목표3

플랑크톤 계획

목표 피라미드의 가장 밑에 깔린 식물성 플랑크톤 같은 녀석들은 당장 실천할 수 있는 일이어야 한다. 목표3을 이루기 위한 목표4, 목표5까지 늘어놓아도 괜찮다. 맨 아래에 있는 계획을 당장 실행에 옮길 수 있는가를 반드시 묻고, 그 대답이 'Yes'라면 이제 성공을 잡으러 떠나는 여정을 시작하자. 이렇게 작은 것부터 도전해야 성취가 찾아온다. 성공은 마냥 기다린다고 저절로 단번에 오는 것이 아니다.

예를 들어보자. 더운 나라 브라질의 항구 도시 리우데자네이루에는 유명한 예수상이 있다. 예수상이 있는 곳까지는 빨간 트램을 타고 올라가야 하는데 트램 입구에 물 파는 아저씨가 있다. 이 아저씨 옆자리에서 컵빙수 사업을 하면 딱 좋을 것 같다. 어떻게 해야 할까?

예수상까지는 에어컨도 없는 트램을 타고 15~20분을 올라가야 한다. 그 정도의 시간은 푹푹 찌는 트램 안에서 빙수를 먹으며 무더위를 날리기에 너무나도 알맞다. 게다가 흔들리는 트램 안에서 먹기에는 출렁거리는 음료보다 꽁꽁 얼어 단단히 고정된 빙수가 제격이다. 세계 각국 언어로 "빙수로 더위는 날

려버리고 즐거운 추억만 가져가세요"라고 인사하면서 빙수를 팔면, 피리 부는 사나이보다도 강렬하게 사람을 끌어당기며 없던 갈증도 만들어낼 것이다.

그런데 치안이 좋지 않은 브라질에서 관광객처럼 보였다간 빙수값으로 받은 현금 다발을 소매치기 당할 위험이 있다. 번 돈을 안전하게 다른 곳에 옮길 수 있는 또 다른 사람이 필요하니 2인 체제를 구축한다. 그리고 둘 중 한 명은 장사에 필요한 의사소통을 할 수 있을 만큼 현지 언어를 구사해야 한다. 그럼 한국에서 제일 먼저 해야 할 일은 브라질에서 사용하는 언어인 포르투갈어를 배울 학원을 찾아서 등록하는 것이다. 하지만 학원을 등록할 돈이 부족하다면? 아르바이트를 해서 돈을 벌어야 한다. 이왕이면 빙수를 만들어볼 수 있는 카페에서 일을 해보면 도움이 될 것이다. 이때 돈을 버는 동시에 학원을 등록해 포르투갈어 공부를 하는 것이 플랑크톤 계획이 된다.

예로 든 사례처럼 구체적인 계획을 세워보면 터무니없어 보이는 아이디어도 실현 가능한 일이 된다. 2020년에 세운 나의 목표 중 하나는 '20대가 가기 전에 사람들에게 용기를 주는 영상 콘텐츠 만들기'였다. 일단 하나를 만들어봤는데 내가 봐도 재미가 없었다. 그렇다면 남이 보면 더 재미없을 것이 뻔했다. 창의적인 콘텐츠를 만드는 일은 생각보다 어려웠고, 어떻게 해야 나아질지 막막했다. 그래서 플랑크톤 계획을 적용해보았다.

첫 번째 하위 목표는 사람들의 시선을 사로잡는 제목을 뽑는 것이다. 보통 대여섯 가지 에피소드를 편집해 10분짜리 하나의 영상으로 완성한다. 그래서 낱낱의 에피소드를 보면서 '매일 제목 하나씩 생각해내기'를 플랑크톤 계획으로 잡았다. 그러면 미리 뽑아둔 여러 제목을 조합하거나 가장 매력적인 단어를 골라 영상 제목을 어렵지 않게 지을 수 있었다.

두 번째 하위 목표는 꾸준히 할 수 있도록 콘텐츠에서 다룰 주제를 비축해두는 것이다. 이에 대한 플랑크톤 계획은 나와 비슷한 주제로 콘텐츠를 만드는 유튜버나 내가 좋아하는 분야를 다루는 유튜버의 콘텐츠를 많이 찾아보면서 감을 잡았다.

세 번째 하위 목표는 일상을 낯설게 보는 것이다. 목표를 이루기 위한 구체적인 계획은 당장 '늘 가던 길 말고 안 가본 길로 돌아가기', '자주 가던 식당의 바로 옆 식당 가보기', '어색한 친구의 식사 제안 흔쾌히 수락하기' 같은 일상의 소소한 것들로 정했다.

이렇게 계획대로 해보았더니 실제로 결과물의 질이 훨씬 좋아지고 구독자의 반응도 좋았다.

'나는 안 될 거야', '그게 가능할까?'라고 생각하고 미리 포기한 일도 실행 가능한 계획을 세워 작은 것부터 실천해나가면 이룰 수 있다. 지금 당장 실천할 수 있는 '플랑크톤 계획'을 세우는 것. 목표가 생겼다면 가장 먼저 해야 할 일이다.

열등감이
자극으로
바뀌는 순간

나는 재수를 거쳐 2012년에 동국대학교 바이오환경과학과에 입학했다. 그해는 강연과 토크 콘서트의 시장이 커지던 시기였는데, 각 분야에서 성공한 사람들의 이야기를 듣는 것만으로도 나에겐 좋은 자극과 배움이 되어 참 많이도 찾아다녔다. 그러던 어느 날, 한 강연에서 연사가 한 말이 뇌리에 꽂혔다.

"사람이 명문대 나왔다는 사실 하나에 그치면 20대에 끝난 인생입니다. 그거 하나밖에 내놓을 게 없는 건 정말 창피한 거지요."

그 순간 연사의 말에 고개를 끄덕이는 명문대생들을 보려고 눈알을 굴리는 나를 보고 내면에 숨어 있던 지독한 열등감을 발견했다. '부럽다. 20대에 이룬 게 없으면 어때. 나는 너희들을 평생 부러워할 텐데.' 재수를 했는데도 성적을 많이 올리지 못했던 나는 부끄럽지만 명문대생들을 보면서 열등감에 시달렸다. 그만 부러워하고 싶었다. 고등학교 내내 성적이 월등한 누군가를 부러워해 왔기 때문에 대학에 와서는 열등감에서 벗어나고 싶었다. 그렇게 새내기 시절 마주친 춘삼월의 강연에서 이런 다짐을 하게 되었다.

앞으로는 내 안에 넘치는 열등감을 모조리 끄집어내어 자극제로 삼겠다고.

콤플렉스는 시간이 지난다고 저절로 사라지는 게 아니다. 내 안의 열등감을 무너뜨린 뒤 이를 자극으로 바꾸어야 한다.

이때 우리에겐 건강한 마음이 필요하다. 현실을 부정하지 않고 스스럼없이 받아들일 준비가 된 마음, 세상의 모든 잘난 것들을 자극제로 삼을 수 있는 마음 말이다.

열등감을 자극으로 바꿔 전심전력으로 달리기 시 작할 때 우리는 비로소 성장한다.

그날 나는 연사님이 사인해 주신 저서를 품에 안고 편입 학 원을 알아봤다. 학원의 상담 실장님은 우선 학점을 잘 만든 뒤 에 다시 오라고 조언했다. 고등학교 때 내신 관리를 잘해야 대 학 진학에 도움이 되는 것처럼 대학교도 편입을 하려면 학점 관 리에 힘써야 했다. 그래서 나는 2년간 학점 준비를 단단히 마친 뒤(4.5점 만점에 4.4점을 받았다) 다시 편입 학원을 찾았다.

그로부터 1년 뒤, 나는 연세대학교 생화학과 편입 시험에 합격했다. 동시에 수많은 의대에서 탈락 통지를 받았다. 원하던 결과는 아니었지만, 좌절할 이유도 없었다. 편입 시험을 통해 나름의 성취를 경험했고, 의사라는 꿈에 한 발짝 더 다가갈 수 있다는 막연한 기대도 생겼기 때문이다. 이는 내가 열등감을 극복할 수 있는 새로운 출발점이 되어주었다.

　　어쩌다 보니 20대에만 대학을 세 번 다닌 나는 꼭 직선만이 정답이 아니라는 것도 알게 되었다. 학창 시절의 나에게 누군가 "꼭 지금 안 되어도 언젠간 될 거니까 일단 하라"고 말해주었으면 좋았을걸 하는 아쉬움이 있다. 혹시 본인의 능력보다 더 큰 꿈을 그리고 있다고 생각해서 막막하다고 여기는 누군가가 있다면, 꼭 말해주고 싶다.

　　결국 꿈대로 될 테니까 일단 하라고. 계속하라고.

세상에
쓸모없는 공부는
없다

영화 「포드 V 페라리」를 보는데 이런
대사가 나왔다.

> "우리 아버지는 좋아하는 게 뭔지 아는 사람은
> 행운아라고 하셨어요."

당시 스스로가 뭘 좋아하는지 몰랐던 나는 이 대사가 뼈저리게 와닿았다. 자신이 좋아하는 것을 찾기 위한 기회비용, 즉 돈과 시간은 누구에게나 주어지지 않는다. 설령 주어진다 한들 쉽게 바로 찾아지는 것도 아니니, 좋아하는 것을 아는 사람을 '행운아'라고 하는 게 아닐지.

자신이 뭘 좋아하는지 모른다고 해서 상심할 필요는 없다. 오히려 좋아하는 것을 찾아야 한다는 강박이 시야를 좁힐 수 있다. 갑자기 새로운 것을 찾으려 하기보다는 일단 나에게 주어진 일을 하면서 좋아하는 것을 발견해나가면 어떨까. 나에게는 그것이 공부였다. 나는 재능은 없지만 묵묵히 공부해 왔다. 딱히 다른 데 관심이 있는 것도 아니어서 남들 따라서 공부를 했다. 그런데 공부하는 나를 세심히 관찰하면서 내가 조금 더 자신 있어하는 분야, 혹은 조금 더 재미를 느끼는 분야를 발견할 수 있었다.

나는 입시에서 객관식이나 주관식 시험보다 논술형 시험에 합격하는 경우가 많았다. 같이 합격한 사람들에 비해 내 실력이 뛰어나서는 아니었다. 다만, 아는 내용을 나만의 방식으로 변주하면서 술술 읽히도록 서술하는 데 자신이 있었다. 마지막이라고 생각하고 준비한 의대 입시도 논술형 시험이 있는 대학 위주로 공략해서 합격했다. 소질이 없다고 생각했던 공부도 하다 보니 두각을 나타내는 영역을 발견할 수 있었다. 잘하는 것이 생기니 공부가 점점 좋아졌다. 좋아하는 것을 찾는 대신 잘하는 것을 먼저 찾은 후 그 일을 좋아하려고 노력한 셈이다.

학창 시절, 언니는 나보다 공부를 훨씬 더 잘했다. 애국단 단체 사진이 국사 교과서 몇 쪽에 있는지, 거기서 윤봉길 의사가 몇 번째 줄에 앉아 있는지까지 기억하는 학생이었고, 임용시험도 두 번이나 합격했다. 어느 날 언니에게 왜 그렇게 공부를 열심히 하느냐고 물었다. 그러자 언니는 이렇게 대답했다.

"세상의 모든 공부는 어른이 되어서 잘하는 것도 없고 하고 싶은 것도 없을 때 도움이 돼."

한 번이라도 들어본 내용은 내 안에 남는다는 것이다. 지금 당장 성취한 게 없어도 사라지지 않고 언젠가 어디서 어떻게든 쓰일 수 있다고. 역시, 세상에 쓸모없는 공부는 없다.

공부는 하면 된다는 경험의 반복이다. 학교에서 공부를 통해 학생들에게 가르치고자 하는 것도 성취감이다. 단계적으로 난이도를 높여가며 개념을 확장시켜 문제에 적용하는 것이 공부다. 답을 찾는 과정에서 직접 해결할 수 있는 문제가 점점 많아진다는 사실에 자기신뢰와 자기효능감이 생긴다.

학생 신분일 때 돈을 들이지 않고도 어떤 분야가 나와 맞는지 아닌지 원 없이 해보면서 알아볼 수 있는 가장 좋은 방법은 다양한 공부를 하는 것이다. 예를 들어 대학원 진학을 앞둔 학부생이 아직 세부 전공을 정하지 않았다면, 3학년 1학기에 수강하는 모든 과목을 최선을 다해 공부해보는 거다. 전공 수업뿐만 아니라 영어 글쓰기, 국제정치학, 테니스, 채플 수업까지 다양하게. 그러다 보면 생각지도 못했던 적성에 맞는 일이나 좋아하는 일을 발견할지도 모른다.

나는 요즘 병원 실습을 하며 적성에 맞는 과를 찾고 있다. 평생의 업이 될 분야를 찾는 과정이니 어느 때보다 신중해진다. 후회 없는 선택을 하기 위해 실습하는 동안 최대한 많은 경험을 하려고 한다. 의대의 병원 실습도 모든 과를 경험해보고 자신에게 맞는 최적의 분야를 발견하도록 설계되어 있다. 첫 1년 동안은 대부분의 과를 돌며 두루 경험하고, 그 후 어느 정도 관심 분야가 생기면 마지막으로 심화 실습을 하는데 이때 희망하는 과를 한 번 더 경험할 수 있다. 의대를 졸업하고 인턴이 되면 의대생 실습과 같은 패턴을 다시 한번 반복한다.

　병원에 있는 모든 과를 순회하고 나서 동기들과 이야기를 나눠보니 정말 신기하게도 각자 흥미를 느끼는 과가 다 달랐다. 같은 과를 희망하더라도 그 이유가 같지는 않았다. 나에게 유독 힘들게 느껴지는 과도 있고, 접해보니 더 관심이 생기는 과도 있었다. 공부해보지 않았다면 몰랐을 나의 숨은 적성을 실습을 통해 알아가고 있다.

　잘하는 것도 좋아하는 것도 잘 모를 때는 쓸데없다고 생각했던 공부까지 다 해보자. 해보지 않고 알 수 있는 것은 없고, 해보면 뜻밖의 적성을 발견할 기회도 생긴다.

길이 열리면
일단 간다

여행을 하다 보면 종종 예상하지 못한 일들이 벌어진다. 가려던 길을 벗어나 낯선 길로 들어섰더니 멋진 풍경이 펼쳐진다거나, 우연히 들어선 식당에서 맛본 음식이 기대 이상이었다거나. 그 예상치 못한 일들이 여행을 특별하게 만든다. 가끔은 인생을 여행처럼 살아보는 건 어떨까. 뜻밖의 일에서 예상치 못한 깨달음을 얻게 될지도 모른다.

의대만을 바라보고 달려가던 내가 돌연 취업을 하게 된 일은 마치 여행지에서 새로운 세계를 우연히 마주친 것 같은 경험이었다. 의대 입시에서 한 차례 고배를 마신 뒤 나는 생화학 전공을 살려 할 수 있는 다른 일을 찾다가 제약 회사에 입사 지원서를 넣었다. 약은 질병, 환자, 의사와 연결되어 있으니 제약 회사에서 경험을 쌓으면 훗날 의사가 되었을 때 도움이 될 것 같았다. 하지만 준비가 부족했던 터라 합격할 자신은 없었다. 탈락하면 미련 없이 다시 의대 입시에 매진할 생각이었다. 그렇게 큰 기대 없이 간 면접에서 덜컥 붙어버렸다.

'길이 열렸다. 일단 가자.'

어떤 길이든 열리면 일단 가보는 것도 나쁘지 않다. 바라던 최선의 결과는 아니더라도 기대하지 않았던 성취는 자신감을 키우고 앞으로 성장하는 데 도움이 될 수도 있다. 내 꿈은 변함없으니 단지 조금 돌아가는 것이라고 생각했다.

10차선 도로가 쫙 뻗어 있는 테헤란로가 훤히 내려다보이는 초고층 빌딩에서 인턴으로 첫 직장 생활을 시작하게 되었다.

나는 새로운 기회가 주어졌음에 감사했다. 한동안 의학전문대학원과 의대에 연이어 떨어지면서 스스로를 비관하고 자조할 때쯤 회사가 나를 구원해준 거나 다름없었다. 정말 열심히 일했다. 그야말로 열정이 충만했다. 그런데 의욕만 앞섰지 여러모로 미숙하고 서툴렀다. 하루는 선배에게 뜻대로 되지 않는 회사 생활에 대해 하소연을 늘어놓았다.

"저는 이메일 하나도 제대로 못 쓰는 것 같아요."
"왜?"
"전화나 메신저로만 소통해도 되는 사항인지 이메일로 기록을 남겨야 할 내용인지 몰라서 가장 공적이라고 생각되는 이메일을 보냈는데 그게 잘못이었나 봐요. 이렇게 사소한 것까지 그때그때 보고해야 하는 건지 몰랐어요. 수신인과 참조인을 구분하는 것도 어렵고요. 사소한 일도 신경 써야 할 게 많네요. 전 아직도 부족한 게 너무 많은 것 같아요."
"그게 회사 생활이야. 신입 때는 말머리라도 제대로 쓰면 다행이지. 나머지는 깨지면서 다 배우게 돼."

선배의 말대로 나는 매일 혼나고 깨졌지만 그만큼 할 줄 아는 것도 하나씩 늘어갔다. 전화를 당겨 받으라는 말에 말 그대로 전화벨이 울리는 자리에서 내 자리까지 수화기를 잡아당겨 받다 전화 줄을 끊을 뻔했던 내가 어느새 능숙하게 부재중 메모를 남길 줄 알게 되었고, 메일을 보낼 때도 이해관계자를 적절히 구분해 참조를 붙일 수 있게 되었다. 미숙했던 나는 나름 똘똘한 인턴이 되어갔다.

연세 있는 이사님이나 과장님이 최근 논문을 읽는 데 어려움이 있을 법한 부분은 미리 공부해서 이해하기 쉬운 비유를 생각해 놓았다가, 점심시간을 활용해 준비해온 내용을 설명해 드리기도 했다. 그러자 발표나 미팅을 하는 업무에 내가 투입되는 일이 잦아졌다. 영업 사원을 대상으로 간단한 교육을 진행하기도 했고, 현장에 외근을 나가기도 했다. 외부에서 연사가 온다고 하면 강의 주제를 미리 파악해 사전 조사를 하고 강연 후 질의응답 시간에 물어볼 질문을 준비했다. 외부인이 우리 회사에 좋은 이미지를 가지고 돌아갔으면 하는 마음으로.

일단 가보자는 마음으로 새로운 세계에 들어섰다 해도 본격적으로 발을 들이는 순간 그 세계는 이미 새로운 세계가 아니라 발붙이고 있는 현실이 된다. 내가 어떤 길로 들어섰는지, 여기서 내가 할 일이 무엇인지 파악하고 적응해야 한다. 마치 여행 첫날, 물갈이를 하는 것처럼 회사 생활도 초반에는 호된 시련을 겪었지만 환경에 적응해갈수록 차차 능숙해졌다.

하지만 나는 여전히 의사가 되고 싶은 열망을 감출 수가 없어서 결국 퇴사를 했다. 3개월 하고 일주일. 길지 않았던 잠깐의 회사 생활은 인생이라는 긴 여행에서 만난 낯선 길이었다. 계획하진 않았지만 내게 열렸던 길이었고 힘차게 발을 내디뎠다. 막상 가보니 얼마 지나지 않아 내 길이 아니라는 것을 알게 되었지만, 그랬기 때문에 내가 가야 할 길이 더 뚜렷해졌다.

지금 당장 길을 잃었다면 뜻밖의 길로 빠지는 것을 주저하지 말기를. 예상치 못한 풍경과 기대 이상의 음식들이 새로운 자극이 되어 인생이라는 여행을 응원해줄지도 모르니까 말이다.

좋은 질문은
그 자체로
좋은 답이다

　　좋은 질문은 그 자체로 좋은 답이 된다. 어쩌면 정답을 찾는 능력보다 질문을 하는 능력이 더 중요할지도 모른다. 나는 학창 시절 질문하기를 두려워하는 학생이었는데, 대학에서 공부를 하며 조금씩 바뀌었다. 당시 우리 과 친구들은 자신이 모르는 내용이 나오면 눈치 보지 않고 자유롭게 질문을 던졌다. 그러면 나머지 친구들은 친구가 궁금해하는 질문이면 자신도 고민해봐야 한다고 생각해서 질문에 적극적으로 달려들었다. 그 자리에서 당장 대답하기 어려운 질문도 답을 고민하고 찾아나가는 식이었다. 그래서인지 전공 수업 중 어려운 문제가 생기면 앞자리, 뒷자리, 옆자리 그 누구한테 물어봐도 대답이 돌아왔다. 오답이든 정답이든 말이다. 오답을 말한 것 같으면 옆옆 자리에 있는 아이까지 끌고 와 이중 검토하는 친구가 있었는데 그 친구는 나에게 항상 좋은 영향을 주었다. 100여 명이 수강하는 대규모 강의에서 손을 번쩍 들고 적극적으로 질문하는 친구도 있었다. 그 친구는 모든 학생이 일제히 뒤돌아 자신을 쳐다봐도 아랑곳하지 않았다. 나는 그런 태도에 적잖이 놀랐다. 그리고 좋았다. 질문하는 것을 부끄러워하거나 두려워하지 않아도 되는구나 싶었다.

발표자 입장일 때도 질문은 중요하다. 청중의 자연스러운 반응을 이끌어내기 위해서는 질문을 적절하게 섞는 것이 좋다. 질문을 많이 해본 사람은 청중이 가장 궁금해하는 부분을 긁어주는 후킹hooking 역할의 질문을 잘 던진다. 질문을 효과적으로 활용하면 청중은 '방금 질문의 답은 뭘까? 와! 진짜 궁금했던 건데' 하며 발표에 더 깊이 집중하고 몰입하게 된다.

다양한 학과의 친구들끼리 삼삼오오 모여 신문 스터디와 시사상식 스터디를 한 적이 있다. 우리는 일간지 세 곳을 나눠 정치, 경제, 사회, 국제, 문화·생활, 정보, 과학 등 분야를 돌아가면서 맡아 내용을 정리하고, 매주 열 건 정도의 기사와 관련된 주제를 발제하고 토론했다. 스터디 내내 질문과 답이 오갔고 관심 없는 분야에서는 지식의 밑천이 드러나 부끄러워하기도 했다. 그래도 스터디원들은 자기가 아는 선까지 최대한 공유하고 서로의 생각을 경청하는 연습을 했다. 주제를 가리지 않고 깊이 있는 내용들을 꺼내도 유난스럽게 여기지 않았고 오히려 자신의 것으로 흡수하려는 분위기였다. 그런 학풍이 공부의 원동력이 되었다. 나는 다양한 학문을 탐구하려는 시도를 유난스럽게 바라보지 않는 분위기 덕분에 어려운 주제를 단순히 '오글거리는 이야기'로 폄하하지 않게 되었다. 동기, 교수님 할 것 없이 서로 묻고 따지면서 고민하는 공부는 졸업할 때까지 계속되었다.

나는 질문이 많은 친구들 곁에서 보고 배우며 덩달아 질문이 많아졌다. 더 이상 질문에 큰 용기가 필요하지 않게 되었다. 그러자 질문이 재미있어졌다. 더 나은 질문을 하기 위해 공부했고 질문에 돌아온 답변은 또 다른 공부거리를 던져주었다. 그럴 때마다 지적 쾌감을 느꼈다. 질문은 힘이 세다. 좋은 질문은 좋은 대답을 이끌어낸다. 그러니 질문에 대담해지자.

인생의 질문을
함께 찾는 모험

어린 시절에는 누구나 원론적인 질문을 한다. 별은 왜 빛나는지, 밤은 왜 깜깜한지, 꽃은 왜 지고 피는지. 나 또한 어린 시절에 왕성한 호기심으로 거리낌 없이 질문을 했다. 그때의 궁금증은 커가면서 대부분 자연스럽게 해소되었지만 문제는 어른이 되어도 궁금한 게 여전히 너무 많다는 것이다. 그러나 이제는 선뜻 누구한테 묻기가 쉽지 않았다.

공부할 때는 적극적으로 질문하는 것이 좋은 자세로 받아들여지지만 인간관계에서는 아무리 좋은 취지로 질문을 한다 해도 상대를 번거롭고 귀찮게 하는 건 아닐까 망설이게 된다. '내가 너무 방대하고 무식하고 난감한 질문을 하는 게 아닐까?' '내가 한 질문이 불편하면 어떡하지?' 하는 걱정에 조심스러운 마음이 든다.

하지만 남편에게 만큼은 걱정 없이 마음껏 질문한다. 남편은 연애 때부터 내가 던지는 질문이 터무니없는 내용일지라도 현실에서 가능한 일이라고 보고 차근차근 대답해 주었다. 어느 날 충격적인 아동학대 기사를 접하고 당시 남자친구였던 지금의 남편에게 질문을 한 적이 있다.

"이런 끔찍한 일이 없었으면 좋겠어. 법이든 뭐든, 세상을 바꾸려면 내가 뭐부터 해야 될까?"

"세상을 바꾸려면 일단 법을 바꿔야지. 국회의원이 되어 나랑 마음이 같은 사람 열 명을 모아 법안을 발의해 국회에 제출하면, 일단 변화를 위한 발걸음을 시작한 거야."

"만약 내가 투표에서 떨어져서 국회의원이 되지 못하면 어떡해?"

"투표에서 떨어질 일이 없게 해야지. 정당에서 젊은 피를 영입한다고 사회에서 상징적인 인물들에게 제안을 하기 마련인데, 그때 만약 네가 비례대표 1번을 받으면 국회의원이 될 수 있겠지."

남편과의 대화는 매번 이런 식이었다. 나는 남편에게 자유롭게 묻고 답을 기다리는 시간이 행복했다. 남편은 평소에 '대답보다 질문을 잘하는 사람이 지혜로운 사람'이라고 생각한다. 의문을 품으면 언젠가 대답할 수 있다고 믿는다. 남편은 나의 끊임없는 질문이 빠르게 돌아가는 세상 속에서 중심을 잡고 현명한 판단을 이끌어내는 데 도움이 되었다고 했다. 나와 대화를 하면서 '그런 것까지 생각해본 적 없었는데' 싶은 때가 계속 찾아왔고, 궁극적으로 자신의 가치관을 찾는 데도 도움이 되었다고.

이렇게 답을 찾는 과정이 함께 미래를 꿈꾸는 것처럼 느껴져서였을까? 돈 한 푼 없이 대학생 때 결혼해도 다 괜찮을 것 같다는 확신이 들었다. 물음표 그 자체라고 할 수 있는 내가 스스럼없이 대화가 통하는 사람을 찾았을 때의 기분은 느낌표처럼 짜릿했다.

남편을 만나고 확실히 알게 된 한 가지가 있다. 좋은 질문은 그 자체로 좋은 답이듯, 질문을 멈추지 않는 태도는 삶을 풍요롭게 한다는 것이다.

그렇게 나의 삶에 남편이 동승했고, 우리는 인생의 질문을 함께 찾는 모험을 시작했다. 여전히 우리 부부는 매일매일 질문하며 인생의 물음표를 키워가고 있다. 어쩌면 물음표의 크기만큼 우리의 삶이 느낌표로 채워지지 않을까.

나는
꿈꾸는 엄마가
되기로 했다

나는 만 25세에 결혼식을 올리고 26세에 출산을 했다. 주위에 결혼한 친구가 한 명도 없던 시절에 불쑥 결혼을 했다. 서른한 살이 된 지금도 주변에 결혼한 사람은 거의 없다. 당시에는 결혼이 무엇인지, 이후에는 어떤 삶이 기다리고 있는지 누구 하나 말해줄 사람이 없었고 나도 알리가 없었다.

그런 나에게 결혼 이후의 삶은 모든 면에서 충격적이었다. 멀쩡한 이름을 놔두고 올케, 동서, 형님, 아주버님, 누구 엄마로 불리는 풍속도 낯설었고 시가 제사에 참여하는 것도 어색했다. 그래도 아기를 갖기 전까지는 그렇게 힘들지 않았다. 우리 가족은 화목했고, 명절이나 제사는 1년에 한두 번 찾아오는 결혼 생활의 '형식' 같은 것이었다.

그러던 어느 날 갑작스럽게 아기가 생겼고, 나는 준비 없이 엄마가 되어 '워킹맘'과 '전업맘'으로 나뉘는 세계에 입문했다. 엄마들은 오늘도 존엄하게 버티고 있다. 워킹맘과 전업맘, 둘 중 누가 더 행복할까? 답은 없다. 모두 나름의 고민과 고충을 안고 살아갈 것이다.

어떤 선택을 하든 그 전에 내가 어디에 더 가치를 두고 있는지 한번쯤은 생각해보면 좋겠다. 능력과 경력을 쌓아나가며 경제활동을 하고, 아이와 짧지만 진한 시간을 보내면서 삶의 활력을 찾는 것이 행복한가? 아니면 지금 당장의 커리어는 미루어두더라도 다신 돌아올 수 없는 아이와의 시간을 충분히 보내는 것이 더 중요한가? 물론 경제적 상황이나 현실적 여건이 가장 중요할 것이다.

나는 아기를 봐주시는 시부모님 덕분에 공부하는 엄마로 살아가고 있다. 지금 당장 소득은 없지만 워킹맘의 삶과 비슷하다. 학교와 병원에 나가 있는 동안은 아이 곁에 있어주지 못하므로 늘 죄책감이 든다. 아이가 아프면 세상이 무너질 듯 겁이 나고, 집으로 돌아와서는 바닥난 체력으로 제2의 육탄전을 치르며 힘들어한다. 지금은 벅차고 고단하지만 이내 마음을 굳게 다잡는다.

나는 꿈꾸는 엄마로 살고 싶다. 아이에게 꿈꾸는 삶을 유산으로 물려줄 수 있다면 좋겠다. 그러기 위해 엄마로서 꿈을 이루어나가는 모습을 몸소 보여주려고 한다. 일과 육아, 나와 엄마라는 역할 사이에서 고민하고 어려움도 겪겠지만, 성장하기를 멈추지 않을 것이다. 살면서 힘든 날도 있겠지만 그럴 때마다 절망이 아닌 희망을 품고, 포기하기보다는 도전하는 사람이 되자고, 내 아이에게 당당하게 말할 수 있는 부모가 되기 위해서.

오늘도 나는 설거지를 마치고 시원한 요구르트를 한잔 마시며, 꿈꾸는 대로 이루어질 나와 내 아이의 밝은 미래를 상상한다.

월트 디즈니

WALT DISNEY

한 청년이 자신이 그린 만화를 팔기 위해 신문사를 찾아갔다. 편집자들은 그가 재능이 없다며 외면하고 돌려보냈다. 그러다 청년을 불쌍히 여긴 어느 목사가 교회에서 지낼 수 있게 도와주며 행사 전단에 쓸 그림을 그려달라고 부탁했다. 그림 그릴 공간이 필요했던 가난한 예술가 청년은 쥐가 우글거리는 창고에서 그림을 그리며 꿈을 키워나갔다.

이 청년이 바로 세계 최대 미디어 기업이 된 디즈니의 창업자 월트 디즈니다. 그리고 당시 그와 함께했던 쥐들은 세계적인 스타 미키마우스가 되었다. 월트 디즈니는 자신을 믿고 꿈을 포기하지 않았기에 마침내 기적을 일으켰고, 세계에서 가장 유명한 만화 캐릭터를 창조했다.

*****

"만약 당신이 꿈꿀 수 있다면,
그것을 이룰 수 있다.
언제나 기억하라.
이 모든 것이 하나의 꿈과
한 마리의 생쥐에서
시작되었다는 것을."

월트 디즈니

Chapter

2

약간의 용기만 있으면 돼

틀린 경험은
없다

용기 내 도전해본 일을 잘 해내지 못
하면, 그건 틀린 선택이 되는 걸까? 우리는 어떤 시도 앞에서 괜
히 시간 낭비를 하게 될까 봐, 얻는 것보다 잃는 게 더 많을까 봐
망설이곤 한다. 나는 그때마다 '경험은 어떤 식으로든 남는다'
고 생각하며 마음을 다잡는다.

대학교 3학년, 한창 바쁜 새 학기에 덜컥 미스월드코리아에 출전 접수를 했다. 나는 언니의 원피스를 빼앗아 입고 집 앞 공원에서 촬영한 1차 예선 영상으로 운 좋게 예선을 통과했다. 결선에 가기 위해 댄스 학원에서 속성으로 걸스힙합을 배워 장기 자랑을 준비했다. 그리고 20만 원으로 드레스 한 벌과 구두 한 켤레를 각각 마련했고 만 원짜리 브로치와 액세서리를 샀다. 피날레에서는 반짝이는 보석을 많이 착용해야 스포트라이트를 받을 수 있다는 얘기를 듣고 청담동 예물거리의 한 주얼리숍에 찾아갔다. 무모하긴 하지만 내 사정을 잘 말씀드리면 작은 거라도 도움을 받을 수 있을지 모른다는 막연한 믿음이 있었다. 단전 깊은 곳에서부터 용기를 끌어내 문을 두드렸다.

"사장님. 제가 곧 미인대회에 나가는데 제 드레스에 어울리는 보석을 빌려주실 수 있을까요? 꼭 우승해 올게요."

사장님은 내 포부를 들으시더니 탈의실을 가리키며 피날레 드레스를 입고 나오라고 했다. 그동안 많은 미인대회 참가자들이 거쳐 갔지만 이런 경우는 처음이라고 하셨다. 내 용기를 가상하게 여겨서인지 사장님은 왕관은 물론이고 팔찌, 발찌, 각종 반

지 전부를 흔쾌히 협찬해 주셨다. 나는 머리부터 손끝, 발끝까지
자신감을 입은 듯했다.

며칠 뒤, 강원도의 한 호텔에서 합숙이 시작되었다. 참가자
중에는 모델 일을 하는 친구들이 태반이었다. 워킹 수업을 미리
받고 온 친구들도 많았다. 왠지 나만 준비가 안 된 것 같았다. 그
들은 발을 옮길 때마다 자연스러운 시선 처리를 뽐냈고 자신만
의 시그니처 포즈를 선보였다. 반면 마음처럼 몸이 움직이지 않
는 나는 표정이나 제스처는 취할 엄두조차 내지 못했다. 수준이
다른 이들 앞에서 워킹을 하는 내 모습은 마치 엄마 앞에서 재
롱 부리는 어린아이 같았다. 아침저녁으로 단체 연습이 계속됐
고, 내 자존감은 한없이 추락했다. 예상과는 전혀 다른 그림이
었다. 단 한 순간도 마음 편히 즐길 수 없었다. 이 대회를 통해
성장하는 나를 기대했건만 거울에 비춰진 나는 그야말로 '구멍'
이었다. 아무리 노력해도 그들의 타고난 끼와 재능을 쫓아갈 수
없었다. 밤새 몸을 비틀고 연습해도 도저히 따라잡을 수 없었
고, 노력할수록 나는 점점 더 초라해졌다.

결선을 앞둔 날 밤, 부모님께 전화를 걸어 지금 당장 강원

도로 와달라고 했다. 새벽 3시, 대회를 중도 포기할 마음으로 아빠 차에 올라탔다. 다신 카메라 앞에 서지 않을 거라며 눈물을 뚝뚝 흘렸다. 힘든 순간에 가족들의 얼굴을 마주하니 흐르는 눈물을 주체할 수가 없었다. 그때 언니가 차갑게 쏘아붙였다.

"또 밤새 연습했니? 그런다고 다 되는 거 아냐. 네가 못하는 분야에서는 그냥 네 수준이 어느 정도인지만 느끼고 와. 그건 돈 주고도 못 사는 경험이니까."

'돈 주고도 못 사는 경험'이라는 말에 머리를 한 방 맞은 듯했다. 절망적인 상황이라고만 느꼈는데 얻어가는 게 있을 거라고 생각하니 마음이 한결 편안해지면서, 잃어버린 내 자신감만큼은 되찾고 싶다는 생각이 들었다. 나는 마지막까지 용기를 내보기로 했다.

그렇게 결전의 날이 밝았다. 나는 2천 명의 관중 앞에 서 있었고 수많은 카메라가 돌아가고 있었다. 다행히 영어와 한국어로 연습해 간 웅변으로 심사위원단의 호평을 받을 수 있었다. 단체로 준비한 춤도 무사히 마쳤다. 이제 마지막 무대가 기다리고 있었다. 기자들이 쉼 없이 카메라 셔터를 터트렸다. 10미터의 런웨이를 혼자 걸어 나가는데, 말 한마디 없이 눈빛과 워킹과 의상만으로 무대를 장악하고 돌아오는 30초가 그렇게 짜릿할 수 없었다. 아직도 잊히지 않을 만큼 신선한 떨림이었다. 도망치지 않은 것만으로도 성공한 셈이었다. 드디어 발표의 순간.

"이, 도, 원."

내 이름이 불렸다. 축하의 환호성이 곳곳에서 터져 나왔다. 나는 2015미스월드코리아에서 2위를 차지했다. 보석을 빌려주면 우승해 오겠다던, 주얼리숍 사장님께 했던 그 약속의 절반을 지킬 수 있었다.

그런 날이 있다. 열심히 노력해도 마음처럼 되지 않아서 눈물이 터져 나오는 날. 허둥대는 내 모습이 한없이 부끄러워지는 날. 너무 힘들어서 모든 걸 다 포기해버리고 싶은 날.

자신감이 바닥을 쳤던 그날 새벽, 그냥 집으로 돌아왔다면 어떻게 되었을까. 런웨이의 짜릿한 흥분, 온전히 나에게 집중해서 걸어보는 귀중한 30초는 영원히 경험하지 못했을 것이다. 치열한 경쟁으로 시작한 합숙에서 동료들과 하나가 되는 일도, 재능 없는 분야에 후회 없이 도전하는 일도, 모두 놓쳤을 것이다. 나는 이 모든 경험을 통해 깨달았다.

> 내가 있을 곳이 아니라고 생각한 곳도 겪어보면 어떤 식으로든 배움을 얻을 수 있다.

퇴사
하겠습니다

의대에 편입하기 전, 제약 회사에서
잠깐 근무했었다. 호기롭게 뛰어든 첫 회사 생활은 결코 쉽지
않았다. 무조건 열심히 하면 되는 줄 알았는데 오히려 그게 독
이 되는 경우가 많았다. 신입의 열정으로 새로운 일이나 아이
디어를 제시했을 때 일만 더 늘어나서 피곤해진다며 무안을 당
하기도 했다. 그냥 전임자가 하던 방식을 따르라고 지시받기도

했다. '시정하겠습니다!' 하고 쿨한 척했지만 금방 털어내지 못했다.

나는 입사한 지 얼마 되지 않아 회의에 회의적인 사람이 되었다. 매주 열리는 회의는 '디벨롭'으로 마무리되기 일쑤였고 그럼 그다음 주에는 '지난 회의를 검토하는 회의'가 열렸다. 큰 프로젝트가 아니고서야 한 번의 회의로 끝낼 수 있는 사안을 질질 끄는 경우도 적지 않았다. 내가 그 모든 과정에서 의미를 찾지 못하고 헤매고 있는 건 아닐까 혼란스러웠고 걱정이 되었다.

그러다 어느 날부터인가 회사 건물에 있는 병원의 간판이 눈에 밟히기 시작했다. '맞아, 원래 내 꿈은 의사였지.' 의대 입시를 다시 준비해보고 싶은 마음이 꿈틀댔다. 그러면서도 현실적인 고민에 휩싸였다. 가난한 대학생에서 벗어나 이제 막 돈을 벌기 시작했는데 갑자기 수입이 없는 학생으로 돌아갈 수 있을까? 저녁 6시만 되면 생각이 많아졌다. 답답한 마음에 회사에서 최대한 멀어지도록 무작정 걸었는데 내 모든 발걸음 끝에는 병원이 있었다.

결국 다음 날, 사수였던 팀장님께 나지막이 말씀드렸다.

"팀장님, 저 퇴사하려고 합니다."

"뭐? 정직원 되자마자 퇴사를 한다고?"

"네. 처음엔 회사에 적응을 못해서 출근만 하면 답답한 줄 알았는데, 그게 아니었어요. 며칠 전, 제가 팀장님께 죽기 전에 이루고 싶은 꿈이 있는지 여쭤봤었죠? 근데 죽기 직전에 이루면 그게 꿈인가 싶어요. 저는 더 늦기 전에 해보려고요. 정말 죄송합니다. 다음에 만날 때는 꼭 의사가 되어 있을게요. 그동안 감사했습니다."

그렇게 입사한 지 세 달 만에 나는 회사 생활에 마침표를 찍었다. 그리고 다시 의대 편입을 목표로 삼았다. 그 당시는 의학전문대학원들이 의과대학으로 전환하면서 서서히 인원을 감축하고 비는 자리를 편입생으로 충원하던 시기였다. 이는 편입으로 의대생이 될 기회가 얼마 남지 않았다는 뜻이기도 했다. 끝물인 만큼 합격하기 어려울 거라는 항간의 예상과 반응이 나를 두렵게 했지만 다른 방법이 없었다. 시험까지는 딱 4개월이 남아 있었다. 내가 과연 회사로 돌아가지 않고 의사가 될 수 있을까 의구심이 들었지만, 일단 내 선택에 책임을 지기로 했다.

퇴사 결정이 결코 쉬운 일은 아니었다. 그러나 그간 숱하게 도전하고 넘어지며 세운 나만의 기준이 있다. 마음이 움직이지 않으면 과감히 그만두고 떠날 것. 인생의 중요한 선택과 결정은 누군가 대신해줄 수 있는 게 아니다. 타인이 아닌 스스로에게 묻고 답을 구해야 한다. 당시, 퇴사는 오랜 고민 끝에 내린 결정이었고, 이후의 결과 역시 오롯이 나의 몫이었다. 나는 두렵지 않았다.

남을 지우고 나면
나와의 싸움만 남는다

회사를 그만두자마자 의대 편입을 다시 준비했다. 취업 전에 이미 의대 편입에 여러 번 실패했고, 나이도 적지 않아서 처음 도전했을 때와는 비교할 수 없게 부담과 걱정이 컸다. 이번에는 반드시 합격해야 한다는 압박이 나를 내리눌렀다. 가족에게 걱정을 끼치고 싶지 않았고, 부담감에 시달리고 싶지도 않았다. 나는 차라리 누구에게도 말하지 않고 편입을 준비하기로 했다.

어떤 도전을 할 때 자신의 목표를 주위에 공개하고 선언하는 게 도움이 될 수도 있다. 특히 장기 목표인 경우가 그렇다. 시간이 길어질수록 지치고 유혹에 흔들리기도 쉬워지는데, 사람들에게 목표를 공개하면 책임감이 더욱 커지기 때문이다. 게다가 주변에 함께하는 사람들이 생긴다면 서로 의지하며 좋은 에너지를 얻을 수도 있다.

그러나 짧은 시간에 이뤄내야 하는 목표라면 다르다. 기간이 짧을수록 밀도 높게 집중하고 깊이 몰입해야 하기 때문이다. 내 경우엔 의대 편입 시험까지 고작 4개월밖에 남지 않았었는데, 주위에 알리지 않은 채 공부했던 게 더 도움이 되었다. 조금이나마 주위의 시선이나 부담에서 벗어날 수 있었고 오롯이 공부에만 집중할 수 있었다.

남을 지우고 나면, 그때 비로소 나와의 싸움만 남는다.

적어도 그 순간만큼은 다른 사람의 동의나 인정을 구하지 않기로 했다. 나는 나와의 약속을 만들어 지키기로 했다. 늦게 자더라도 다음 날 같은 시간에 일어나 독서실에 갈 것. 집중력이 떨어져도 짐을 싸서 집으로 돌아가지 않고 책상에 앉아 잠시 쉬었다가 다시 정신을 차릴 것. 시험이 끝날 때까지는 친구와 약속을 잡지 않을 것. 쉬고 싶고 놀고 싶은 유혹이 와도 흔들리지 않고 견딜 수 있도록 나만의 루틴을 만들어 지키려고 노력했다.

유튜브나 인스타그램을 통해 사람들과 소통하다 보면 각자의 고민과 사연을 털어놓고 나누게 되는데, 아무래도 시험을 준비하고 있는 분들이 메시지를 많이 보내주신다.

"수험생인데 공부에 집중이 잘 안 돼요."

"가족이랑 친구들이 그냥 하는 말에도 자꾸만 상처받고 위축되고, 신경이 분산돼요."

단기간이든 장기간이든 꿈을 이루어나가는 과정은 결국 고독하고 외로운 혼자만의 싸움이다. 좌절하고 슬럼프를 겪는 것도, 이를 이겨내고 일어서는 것도 다른 누군가가 아닌 내가 견뎌야 하는 일이기 때문이다. 어차피 홀로 견뎌야 하는 거라면 과감히 타인을 지우고 나만 남겨보자. 지금 자신에게 가장 중요한 게 무엇인지 더욱 분명해질 것이다.

귀하의
장점과 단점을
쓰시오

자기소개서 항목에는 자신의 장점과 단점을 쓰는 칸이 있다. 장점을 쓰는 것도 쉬운 일은 아니지만, 단점을 쓸 때는 어느 정도까지 솔직하게 써야 할지 더욱 고민하게 된다. 단점을 쓰라 했다고 정말 정직하게 단점만 달랑 쓰면 안 된다는 것쯤은 다들 잘 안다. 단점을 보완하고 극복하기 위해 노력하고 있다는 것이 느껴지도록, 결국 단점이 더 큰 장점으로 보이도록 써야 한다고 면접관이나 취업 컨설팅 전문가들이 입 아프게 지적하니까 말이다. 많은 기업에서 장점과 단점을 묻는 목적은 단점 없는 사람을 가려내기 위함이 아니다. 자기 자신을 객관적으로 파악하고 있는지, 그리고 그 판단을 토대로 자신의 능력을 건설적으로 잘 계발해 왔는지를 알아보기 위함일 것이다.

자기소개서를 쓸 때뿐 아니라 평소 자신의 장점과 단점을 생각해보고 스스로에 대해 탐구해보는 건, 자기 발전과 성장에 도움이 된다.

일단 장점을 써보자.

- 마음이 맞는 사람들과 오래 인연을 이어간다.
- 벼락치기를 잘하고 단기 집중력이 좋다.
- 예민하다.
- 말하기 불편한 내용이라도 필요한 이야기면 반드시 한다.
- 영감을 지속적으로 좇는다.

다음으로 단점을 쓰자.

- 경직된 분위기를 견디기 힘들어한다.
- 장기간 수험 생활을 하면 결과가 좋지 않다.
- 학벌 콤플렉스가 심하다.
- 꼭 필요한 이야기를 한 뒤에 어색해한다.
- 체력이 좋지 않다.

쓰다 보면 장점에서 나온 이야기가 단점에서 또 나오는 것을 발견할 것이다. 이때 장점과 단점이 맞물리는 부분이 장점으로 극복할 수 있는 단점이다. 나만의 강점으로 발전시킬 수 있는 이 지점을 찾는 것이 중요하다.

내가 내린 결론은 다음과 같다.

- 수험 생활을 짧게 바짝 해서 성공적으로 끝내자.
- 원하는 학교로 편입해서 학벌 콤플렉스를 덜자.
- 하루를 기록하며 예민해진 감정을 해소하자.
- 무리하지 않고 지속적으로 영감을 받을 수 있는 사이드잡을 찾자.

실제로 나는 장점과 단점을 써보면서 문제를 해결하고 열등감을 극복했다.

사람들은 자기 자신을 잘 안다고 생각하지만 막상 들여다 보면 잘 모르는 경우가 많다. 그래서 장점과 단점을 쓰다 보면 몰랐던 자신의 가능성과 잠재력을 발견할 수 있다. '내가 잘하는 건 뭘까?' '나에게도 특별히 내세울 만한 게 있을까?' 이런 고민이 든다면 일단 장점과 단점부터 써보자. 강점은 스스로 계발하고 만들어나가는 거니까 말이다.

완성도 높은
결과를 내는 법

공부를 할 때는 어떻게 시간 관리를 해야 하고, 어떤 환경을 만들어야 할까? 나도 처음 공부할 때는 요령을 모르고 열심히만 하다가 많은 시행착오를 겪었다. 지금 생각해보면 여러 시도를 통해 자신에게 잘 맞는 공부법을 찾은 뒤 시간을 단축하는 수밖에 없다. 이렇게도 해보고 저렇게도 해보며 몸에 잘 안 익는 공부법은 빨리 포기해야 한다. 실패한 공

부법을 아쉬워할 필요는 없다. 성공을 위한 밑거름이라고 생각
하자.

처음부터 자신만의 공부법을 찾기란 쉽지 않다. 스스로 결
정하고 직접 부딪쳐보는 용기가 필요하다. 중학생 때 나는 학교
에서 가장 뛰어난 친구들의 계획을 따라 했다. 서울대생이나 하
버드대생의 계획을 따라 하기도 했다. 적은 분량이더라도 모든
과목을 매일매일 하는 학생도 있었고, 하루에 한 과목만 깊게
파는 학생도 있었다. 분 단위로 시간을 쪼개서 공부하는 학생도
있었고, 하루의 계획을 모두 이루기 전까지는 무슨 일이 있어도
잠을 자지 않는 학생도 있었다. 모두 시도해봤고, 모두 실패했
다. 하지만 두 가지를 느낄 수 있었다.

첫째, 성적이 우수한 학생들이라고 해서 모두 같은 방식으
로 계획을 세우지 않는다. 둘째, 그러니 결국 나만의 방식을 만
들어야 한다. 나는 시간을 효율적으로 쓰기 위해 스터디 플래너
에 하루 단위로 계획을 세우고 실행에 옮기는 연습을 했다. 공
부가 끝난 뒤에는 하루에 고작 한 장을 외웠든 두 장을 외웠든
개의치 않았다. 그것이 내가 하루에 알차게 공부할 수 있는 최

대 분량이었고 애초에 그렇게 계획을 세웠기 때문이다. 그 뒤로
모든 일을 시작할 때는 다음의 루틴을 거쳤다.

1   계획의 우선순위를 정한다.

2   할 일의 총 소요 시간을 '현실적으로' 예상한다.

3   예상 소요 시간의 두 배를 남겨둔 시점부터 일이나 공부를 시작한다.
    단, 예상 소요 시간이 열두 시간이 넘어가면 하루에 실행 가능한 양을
    초과하는 것이니 다시 처음으로 돌아가 계획을 세분화한다.

소요 시간을 넉넉하게 잡으면 급한 마음에 저지르던 실수
가 나오지 않는다. 시간이 남으면 검토할 여유도 생겨 보다 완
성도 높은 결과물을 낼 수 있다.

최고의 생산성을 내기 위해서는 '강한 의지'를 일으킬 수
있는 환경을 조성하는 것도 중요하다. 다시 말해 유혹을 벗어날
수 있는 장소에 나를 두는 것이다. 가령, 요즘의 나는 오전에는
병원에서 실습을 하고 늦은 오후엔 독서실에 가서 글을 쓰는 생
활을 반복하고 있다. 글이 안 써질 때는 환기가 필요하다는 핑
계가 고개를 든다. 정신없이 일하다 진이 빠진 날에는 집에 가

서 뻔한 시간을 보낼 걸 알면서도 독서실을 외면하고 집으로 향하기도 했다. 그런데 집에서 글을 쓰면 도중에 나태해지거나 실패하기 쉬웠다. 그런 날은 아무것도 한 것 없이 하루를 마감하는 듯한 찝찝한 기분이 들었다. 그렇게 미루기를 몇 번 반복하고 나서는 일을 미루었다가 나중에 하는 게 더 성가시다는 것을 알게 되었다. 그 후로는 피곤해도 할 일이 있으면 곧장 집으로 가지 않는 습관을 들였다. 모든 시간을 100퍼센트 효율로 쓸 수는 없으니, 지지부진하게 보내는 한 시간이 생기더라도, 잠깐 눈을 붙이더라도 일단 독서실에 간다. 불편하게 자고 조금이라도 깨어서 할 일을 하자는 생각으로.

본능과 의지는 곧잘 충돌한다. 피곤할 때 휴식을 찾는 것은 자연스러운 본능이다. 그러나 버리는 시간 없이 하루를 제대로 쓰려면 본능을 거슬러야 한다. 사람마다 적응하는 능력이 달라서 습관을 바꾸는 데 오랜 시간이 걸릴 수도 있지만 꾸준히 노력하다 보면 결국 변할 것이다. 정말 이루고 싶은 목표가 있다면 더더욱.

대단한 전략을 가진 모두가 성공하는 것은 아니지만, 모든 성공에는 특별한 전략이 있다. 아쉽게도 모든 전투를 승리로 이끄는 단 하나의 완벽한 작전은 없다. 상대가 누구인지, 내가 가진 병기는 무엇인지, 전쟁을 하는 곳의 지형은 어떤지 파악한 뒤 자신에게 어울리는 전술을 찾아야 한다. 지금까지 나의 상대는 대부분 의지와 인내로 승부를 내는 시험들이었고, 내가 가진 무기는 언제나 '열심'이었다. 부딪치고 깨지면서, 나는 완성도 높은 결과를 내는 나만의 필승법에 조금씩 다가가고 있다.

오답은
정답으로 가는
지름길이다

의과대학 5학년이 되면 소속 대학 병원으로 실습을 나간다. 교실에서 강의를 하시던 친숙한 교수님들이 하얀 가운을 입고 의료 현장을 진두지휘하는 모습에 놀란다. 학생들은 교실 속 화초가 아니라 현장에서 싸우며 학문과 눈치를 동시에 터득하는 참전 용사가 된다. 네댓 명이 한 조를 이뤄 이 과 저 과를 옮겨 가면서 실제 병원이 어떻게 돌아가는

지 배운다. 회진하는 교수님의 뒤만 졸졸 쫓아다니는 우리는 가슴에 이름표를 떡하니 달고 있다. 교수님이 콕 집어 나를 호명하는 순간 불안한 눈빛으로 주위를 둘러보지만 도망칠 곳은 어디에도 없다. 가만히 앉아 수업만 듣던 교실에서는 모르는 게 있으면 옆에 있는 친구한테 물어볼 수라도 있을 텐데 말이다.

실습 때는 지금 내 앞에 떨어진 질문에 바로 답을 해야 한다. 교수님과 실습 동기들의 시선이 나에게 쏠린다. 나의 대답에 따라 환자가 살기도 하고 죽을 수도 있다. 질문의 답을 모를 때는 긴장해서 등줄기에 식은땀이 흐르고 머리가 새하얘져 말이 헛나오기도 한다. 복습을 덜 한 다음 날 아침에 찝찝하게 등교하는 기분 정도가 아니다. 어느 날은 한 동기가 연이어 오답을 말하자 교수님께서 "너 혹시 무슨 알바라도 하니? 왜 이렇게 공부를 안 했어?"라고 물으셔서 일동 정신이 번쩍 든 적도 있다.

당시 제대로 대답하지 못한 질문은 질문을 받은 사람을 포함해서 조원 모두의 기억에 남는다. 정답을 듣자마자 전율이 느껴지고 머리에 그대로 주입되는 건 망신을 당한 상황이 주는 특별함 때문이다. 혼나는 순간만큼은 자존심이 상하고 창피할 수 있지만, 혼나면 잊히지 않는다.

　실습을 돌다가 혼나면서 배운 내용은 후배들에게 인계해
주기 위해 작성하는 장부(일명 인계장)에 기록된다. 우리가 오답
을 말해가며 터득한 지식이 두고두고 동료들과 공유되고 후배
들에게 전해지는 것이다. 혼자만 알고 마는 나만의 특별 자료가
아니라서 더 가치 있다. 인계장을 읽다가도 '누가 이 질문에 대
답 못 해서 혼났다'고 써 있기라도 하면 그 대목부터는 동공이
확장되며 기억에 쏙쏙 박힌다. 암기를 미처 하지 못해서, 혹은
당황하고 긴장해서 대답을 못 한 덕에 평생 안고 가는 지식을 얻
는 것이다.

　깨지면서 배우는 공부의 효과를 실감한 적이 이전에도 있
었다. 인생 첫 시험이었던 중학교 1학년 1학기 중간고사를 앞둔
때였다. 공부를 하다 화장실에 가게 되면 시간을 쟀다. 변기에
앉아 있는 시간이 5분을 넘기면 언니를 불러, 아무 책이나 갖다
달라고 부탁했다. 당시 나는 문구점에서 산 가장 예쁜 스터디
플래너에 적은 공부 계획을 하나씩 지워가는 재미에 빠져 있었
다. 색깔별로 모은 포스트잇과 색인지, 형광펜은 공부 의지를

더욱 불태워 주었다. 그리하여 나는 교과서를 덮고도 내용을 줄 줄 읊고, 엄지손가락 끝으로 교과서 모퉁이를 만지며 책장을 넘 기기만 해도 삽화가 눈앞에 그려질 만큼 외우고 또 외웠다.

그렇게 치른 시험 날. 영어의 마지막 한 문제의 보기 두 개 를 두고 10분 내내 고민하다가 찍은 오답 'in which'가 얼마나 한스러웠던지 아직도 기억에 남아 있다. 시험 시간 50분 중에 10분을 이 한 문제와 씨름했는데 결국 틀리다니! 이 한 문제로 상장을 못 받게 되다니! 억울했다. 다른 틀린 문제는 눈에 들어 오지 않았다. 시험이 끝나고 집에 와서 채점을 하다가 너무 억 울해서 시험지를 벅벅 찢어버렸는데, 아빠가 나타나서 말을 건 넸다.

"아빠, 너무 자존심 상해."

"억울하지, 도원아? 꼴랑 2점이 별거 아니어도 학생일 땐 정말이지 엄청 분통할 거야. 근데 있잖아, 네 인생에서 영어 공 부가 끝날 때까지 관계대명사에 대한 문제를 틀리지 않겠다고 생각하면 돼. 그럼 너는 도대체 몇 문제를 미리 맞춘 거니? 이번 에만 100문제는 될걸? 엄청 대단한 거지."

아빠의 독특한 계산법이 솔깃해 눈물이 뚝 그쳤다.

미지에서 정답으로 가는 가장 빠른 지름길은 오
답에 있다.

세게 한 방 얻어맞고 기억하는 것도 아무렴 좋다. 그러니까
오답을 두려워하지 말자. 우리는 어쩌면 정답을 향해 그 누구보
다 빨리 가고 있는 것일 수도 있으니까 말이다.

간절하고
엄격하게

나는 학구열이 높기로 유명한 서울의
한 동네에서 학창 시절을 보냈다. 내가 다녔던 보습 학원에서는
영단어를 매일 30개씩 외우게 하고 시험을 쳤다. 학원마다 비슷
한 형식의 시험이 있었다. 이 시험의 목표는 단지 하루에 영단
어를 30개씩 한 달에 총 900개 외우게 하는 데 있지 않았다. 매
일 정해진 할당량을 수행하며 꾸준히 매일 공부를 이어가게 하

는 것이 목적이었다. 하루라도 공부를 하지 않은 날에는 스스로 각성할 수 있는 엄격함이 생기도록 하는 것. 공부를 빼먹은 단 하루가 일주일의 습관으로 이어질까 봐 두려워서 다음 날 더 성실하게 공부하게 하는 것. 매일 간절하게 공부하는 마음가짐을 지니게 하는 것. 그런 것들을 위한 데일리 테스트였다. 단순히 몇 개의 영단어를 머릿속에 꾸역꾸역 집어넣기 위함이 아니라.

공부할 때 그 과목, 그 단원, 그 분야에 대해 아주 간절하고 엄격하게 마음먹는 것은 중요하다. 공무원 시험이나 한국사능력검정시험에서 가장 자주 나오는 단원인 근현대사 '만큼은' 안 틀리겠다는 다짐이나 영어 시험에서 문법 문제 '만큼은' 점수 깎이는 일 없게 하겠다는 각오가 공부를 빈틈없이 완성시켜 주는 요소가 된다. 나는 실제로 영어 문법 문제 '만큼은' 성인이 된 후에도 틀린 적이 단 한 번도 없다. 학창 시절, 간절하게 한 문법 공부는 텝스나 토익과 같은 공인영어시험을 치를 때도 도움을 주었다. 처음부터 만점을 목표로 하면 피가 마르고 괴롭다.

차근차근 하나씩 타깃을 정해 '만큼은' 마인드를 가져보자.

　　취업 준비생들이 어학 능력을 쌓기 위해 준비하는 시험 중
에 '오픽OPIC'이라는 외국어 말하기 능력 시험이 있다. 원어민이
직접 채점하고 평가하는 이 시험에서는 대화를 멈추거나 버벅
대면 치명적인 감점을 받는다. 끊임없이 이야기를 이어나가는
게 중요하다. 즉 자연스럽게 물 흐르듯 대화하고 있다는 느낌을
주는 필터 표현들을 외워둬야 한다. 나는 처음 이 시험을 준비
할 때 답변 소재가 고갈되어도 '음……', '아……' 만큼은 절대
쓰지 않기를 첫 번째 목표로 잡았다. 그러기 위해서 필터 표
현'만큼은' 무작정 많이 외웠다. 그리고 자기소개나 일상 루틴
과 취미 등 개인적인 경험을 묻는 문제들은 대본을 짜서 키워드
중심으로 외워두고 이 문제들'만큼은' 절대 틀리지 않겠다고 두
번째 목표를 잡았다. 마지막으로, 여력이 된다면 주어진 상황으
로 롤플레이를 해보라는 제일 어려운 문제까지 욕심을 내보자
고 목표를 세웠다.

　　간절하게 공부하는 훈련은 늘 이런 식이다. '달랑 한 문제'
가 아닌 '바로 그 한 문제만큼은'이라는 마음으로, 공부에 대한
태도'만큼은' 간절하고 엄격해야 한다. 이것이 바로 공부하는
사람들이 가져야 할 태도다.

소소하지만
분명한 성취

두 번째 대학 졸업을 앞둔 취업 시즌
에는 매일 울적한 마음으로 학교를 오갔다. 상반기 취업 일정은
대체로 2월부터 서류를 접수하고 5월에 최종 면접을 보는 것으
로 마무리된다. 을지로에 있는 인쇄기처럼 입사지원서를 좍좍
뽑아내는 나날의 연속이었다. 도서관에 박혀서 특별할 것 없는
인생을 쥐어짜 글을 쓰는 날들이 계속되었다. 자기소개서에 몸

이 묶여 있을 때 봄바람에 나부끼는 꽃내음이 느껴질 만큼 날씨가 화창하더니만, 막상 발표 날이 되니 먹구름이 잔뜩 끼었다. 만약에 채용에 떨어져 기분이 상하더라도 날씨 탓하기 딱 좋을 날이었다. 아무도 보이지 않는 구석으로 가서 서류 전형 결과를 확인했다. 결과는 탈락이었다. 시작부터 탈락이라니. 왠지 느낌이 좋지 않았다. 취업 준비를 하면서 제일 공들여 제출한 자기소개서임에도 불구하고 1단계부터 떨어지면서 스타트를 끊었다. 며칠 뒤 두 번째 발표에서도 탈락하자 멘붕이 왔다. 의대 준비한다고 주위에 소문이 다 난 상태에서 해가 바뀌어도 여전히 도서관에 출몰하는 내가 부끄러워 죽겠는데, 취업마저 뜻대로 되지 않았다.

실패에만 머물러 있는 것 같아 괴로웠다. 나란 인간이 쓸모없는 사람이 아니라는 것을 스스로 증명하고 싶었다. 어느 날 무작정 자원봉사를 하기 위해 '아름다운가게'를 찾아갔다. 청소를 잘하는 나의 특기를 살릴 수 있는 곳이었다. "잘한다." 이 한마디를 한 번이라도 듣고 싶은 마음이 간절했다. 사람이 붐비는 주말이라 물품이 밀려들어 그만큼 할 일이 많았다. 나는 창고에 처박혀 먼지가 쌓여가고 있던 상품들을 꺼내 깨끗하게 닦아 매대에 보기 좋게 진열했다. 점포 입구에는 눈에 띄는 육아용품과 아이들 장난감을 배치해 놓았더니 아기 엄마들이 들어오자마자 집어갔다. 물건을 들고 요리조리 살펴보며 궁금해하는 손님에게는 다가가서 친절하게 설명해드렸다. 그날 매출이 평소의 배로 뛰었다. 점장님은 두 명 몫을 해주어서 고맙다며 봉사 시간을 두 배로 쳐주신다고 했는데, 그 마음과 인정만으로도 감사했다. 열심히 일하고 돌아오는 길에 이런 생각이 들었다.

'나는 처음 해보는 일을 어떻게 이렇게 잘했지? 계속해 온 공부나 취업 준비는 더 잘할 수 있을 것 같아.'

선뜻 다시 도전할 용기가 나지 않을 땐 작은 성공이라도 경험할 수 있는 곳으로 가서 자신감을 충전하자.

연구에 따르면 작은 성취를 통해서도 쾌감을 느낄 수 있다고 한다. 신경전달물질인 도파민이 분비되면서 동기와 의욕, 활력을 주기 때문이다. 그래서 취업에 실패하거나 시험을 망쳤을 때, 일상의 작고 단순한 일에서 분명한 성취를 느껴보는 게 좋다. 별것 아닌 것 같아도 울적한 감정에서 빨리 벗어나 동기부여의 선순환으로 이어질 수 있다.

아침저녁으로 명상을 하고 일기를 쓰며 마음을 돌본다. 점심시간을 이용해 햇빛을 쬐며 산책하고 사색의 시간을 갖는다. 잠들기 전엔 휴대폰은 잠시 꺼두고 책을 읽으며 새로운 세계를 만나는 즐거움을 누린다. 여유가 있는 주말에는 가족을 위한 정성스러운 요리를 한다. 가끔은 좋은 공연을 보면서 느긋하고 교양 있는 사람이 된 양 나를 높여본다. 이렇게 쌓인 소소하지만 확실한 성취가 실패의 감각에 찌들지 않도록 나를 지켜줄 것이다.

눈과 귀가
트이는 경험

첫 번째 대학인 동국대 재학 시절, 식물학 수업을 들었는데, 교수님이 특별한 과제를 내주셨다.

"이번 학기가 끝날 때까지 매주 네 개씩 식물도감을 만들어 제출하세요. 단, 그 주에 자신이 직접 찍은 사진으로 제출해야 합니다. 식물의 이름을 스스로 찾고 발견 장소와 시기, 그리고 식물에 대한 설명을 써서 제출하세요."

현장 답사에서는 걸어 다니는 백과사전 같은 교수님의 설명이 이어졌다. 자연대 건물에는 광장으로 이어지는 다리가 있었다. 다리를 사이에 두고 두 그루의 벚꽃 나무가 각각 왼쪽과 오른쪽에 있었는데, 볕이 잘 드는 오른쪽 나무는 개화가 빨라 새 학기마다 학생들의 인기를 독차지한다고 했다.

"여러분, 그거 아세요? 식물도 겨울잠을 잡니다. 낮의 길이가 짧아지니 성장이 휴면 상태에 있다가 봄이 오면 다시 쑥쑥 자라는 건데요. 이제 잠에서 막 깨어난 다양한 꽃과 풀을 만나 보세요."

흐드러지게 핀 벚꽃이 바람에 흩날리며 봄을 알리고 있었다. '꽃이 만발한 요즘에 식물 네 개쯤이야, 문제없지!' 처음엔 가볍게 생각했다. 3월에는 무난하게 과제를 해낼 수 있었기 때문이기도 했다. 하지만 봄비가 지나간 4월 말이 되자 길거리에 색을 입은 꽃 중에 내가 아는 것은 산철쭉밖에 남지 않았다. 꽃이 지자 점점 과제로 제출할 수 있는 식물이 줄어들었다. 새로운 식물을 찾아 남산으로 향했다. 남산의 잘 다듬어진 나무에는 이름표가 붙어 있었다. 약삭빠른 우리는 그런 식물들 위주로 과제를 써냈다. 하지만 이 방법도 오래가지 못했다. 이윽고 친구들끼리 자료를 서로 교환하기도 했다. 그러나 서울 길거리 어디를 가도 식물은 고만고만했기 때문에 큰 도움은 되지 않았다. 그제야 '그게 그거' 같던 이름 모를 초록빛 풀에 눈이 가기 시작했다. 비슷하게 생긴 풀도 자세히 들여다보니 모양이 달랐고 제이름이 있었다. 풀의 이름을 차근차근 알아가는 재미를 알게 된 나는 새로운 식물을 찾아 주말마다 근교에 있는 식물원을 찾아나섰다. 식물원에 가서 사진을 충분히 찍어 오면 한 달동안 과제를 수월하게 해결하겠거니 생각했는데, 식물은 매주 네 개밖에 제출할 수 없었고, 그새 개화 시기가 지나면 그 식물 사진을 그 주에 찍었다고 할 수가 없었다. 결국 주말마다 새로운 식물을 만나기 위해 서울의 숨은 식물 명소로 떠날 수밖에 없었다. 정말이지 식물을 사랑하는 교수님다운 과제였다.

그렇게 몸으로 뛰어다니며 3개월을 보냈다. 학기가 끝날 무렵, 길을 걷는데 신기하게도 모든 식물이 눈에 들어오기 시작했다. 도시에서 자랄 수 있는 식물은 정해져 있기 때문에 몇 가지만 알아도 눈에 들어오는 모든 식물을 다 알아볼 수 있었다. 식물에 빠지면서 말 그대로 '눈이 트였다.' 걷다 보면 식물의 이름과 거기에 얽힌 이야기가 줄줄이 떠올랐다.

"야, 너무 반갑다! 내가 네 이름, 네 꽃말, 그에 얽힌 이야기를 다 알고 있어. 지금은 떨어질 시기인데 여태 피어 있구나."

발길을 붙잡는 식물의 향기를 맡으니 그 식물이 사람처럼 느껴졌다. 마치 아는 사람을 우연히 길에서 만난 것처럼 식물이 반가웠고 시야에 쏙 들어왔다. 경험의 중요성을 몸소 느끼고 나니 훗날 내가 누군가, 혹은 내 자식에게 이렇게 가르쳐야겠다는 생각이 들었다.

의대에 와서도 비슷한 경험을 한다. 의대 공부야말로 실전 경험을 통한 공부다. 하지만 몇 년간 활자로만 공부하다 보니 참 재미없게만 느껴진 날들이 있었다. 그러다 시작한 병원 실습에서 책 속 지식이 실제 사람이 되어 눈앞에 나타나 있는 것을 보고 정신이 번쩍 들었다. 특히 전형적인 임상 양상과 나이, 성별을 가진 환자인 경우에는 꼭 의학 지식이 사람이 되어 나타난

것만 같았다. 그 사람 그대로 내용이 머릿속에 각인되어 노력하
지 않아도 눈에 들어왔다.

1월, 병원 실습의 막을 여는 소화기내과에서 60대 남성 간
경화 환자를 진찰하고 있었다. 인생에서 처음 환자를 만난 것이
어서 모든 게 서툴렀다. 모터를 단 듯 달달달 떨리는 손으로 청
진을 하고, 환자복을 걷어보면서 얼굴부터 발끝까지 꼼꼼히 관
찰하고 있는데 환자의 오른손 네 번째 손가락이 구부러진 것을
발견했다. 세 번째 손가락도 조금씩 굽어지는 양상을 보였다.

"아버님, 언제 손가락 다친 적 있으세요?"

"어디 다친 적은 없는데 그냥 아파서 이렇게 됐나 보다 했
지 뭐⋯⋯. 술 많이 마시고 나서부터 이렇게 됐어. 예전엔 조금
딱딱해지고 말았는데. 오른손이 이러니 원."

"손가락이 안 펴지시나요?"

"응. 힘을 아무리 줘도 안 펴져. 손가락 하나가 완전히 굽어
버리니 밥 먹기도 불편하고 화장실 가서 지퍼 올리고 내리기도
힘들어. 이건 어떻게 안 된대?"

아픈 곳을 알아차리고 여쭤보니 그제야 불평을 늘어놓으신다. 세 번째와 네 번째 손가락이 오그라드는 양상, 술을 많이 마시고 간 건강이 나빠지면서 몇 년에 걸쳐 본격적으로 구축이 시작되었다는 점으로 보아 주로 간경화 환자에게 나타나는 '듀피트렌 구축'이었다. 책에서만 보던 질환을 환자를 진찰하며 직접 보니 쉽게 잊히지 않았다. 증상으로 인한 불편함은 무엇이 있는지 환자 입장에서 구체적으로 듣는 첫 경험이었다. 이 일을 겪고 나자 어떤 환자든 직접 찾아가서 문진과 진찰을 해야 하는 이유를 분명히 알게 되었다. 책으로 알게 된 내용도 현장에 나와 배우면 완전히 새롭게 와닿기도 한다. 교수님들이 "컴퓨터 앞에 앉아서 차트로만 환자를 보지 말고 직접 가서 보라"고 수없이 말씀하시는 이유를 몸소 깨달았다.

응급의학과만큼 실전이 중요한 과가 있을까. 이전의 우리는 심폐소생술을 책으로만 배웠다. 흉부 압박을 몇 초에 몇 번, 무슨 심전도 리듬에 무슨 약, 몇 분마다 용량은 얼마 투입 등으로 달달 외우다 첫 시뮬레이션을 했다. 우리 앞에는 '애니'라고 부르는 인체모형 마네킹이 있었다. 심폐소생술팀은 팀원에게 지시를 내리며 진두지휘하는 리더와 제세동, 약물 주사, 흉부 압박, 호흡 담당 이렇게 다섯 명으로 구성된다. 우리는 각자 할 일을 수행하며 유기적으로 흐름이 연결될 거라 기대했지만 이론만 열심히 외우다가 실제로 해보니 그렇게 삐거덕댈 수가 없었다. '와, 실제 상황이었으면 이렇게 지체하다가 환자 죽었겠네.' 연습인데도 등줄기에 땀이 흘렀다.

막연하게 '내 앞에서 누가 쓰러지면 어떡하지? 의사가 되어서 심폐소생 하나 못 하면 어떡하지? 매뉴얼을 달달 외우기라도 해야겠지?' 했지만 실제로 해보지 않으면 아무 쓸모가 없었다. 내 눈앞에서 환자가 죽는 모습을 볼 수도 있겠다는 생각에 정신이 퍼뜩 들었다. 우리 팀은 모형을 실제 환자라고 상상하며 시나리오에 맞춰 연습을 거듭했고, 결국 성공적으로 심폐소생술을 마칠 수 있었다.

청즉진 시즉기 위즉각 聽則振 視則記 爲則覺

공자가 한 말이다. 들은 것은 잊어버리고, 본 것은 기억하며, 행한 것은 이해한다는 뜻이다. 나는 여러 번 눈과 귀가 트이는 경험을 하면서 깨달았다.

직접 행하면 기억되는 것을 넘어 체득할 수 있고
온전히 이해할 수 있다. 그래야 진짜 내 것이 된다.

경험이 쌓일수록 상황을 꿰뚫어 보는 통찰력이 길러지고
그만큼 여유도 생긴다. 진정한 경험의 힘을 느끼고 나면, 그 경
험을 토대로 새로운 경험을 마다하지 않는 대담함도 함께 키울
수 있다.

김연아
Yuna Kim

재능과 노력을 갖춘 피겨스케이팅 선수로 평가받는 김연아의 비범한 노력에 관한 일화들은 이미 너무 유명하다. 한때 김연아 선수를 가르쳤던 코치들은 이렇게 말한다.

"보통의 선수들은 자신감이 어느 정도 생기면 그다지 연습을 많이 하지 않는다. 그런데 김연아 선수는 점프를 하다가 실수하면 그 점프를 다시 열 번을 뛰어야 하는 선수였다."
"타고난 재능이 뛰어난 선수들의 취약점은 연습을 게을리한다는 점이다. 하지만 선수는 보통 선수들의 몇 배에 해당하는 연습을 했다."

천재 소리를 듣는 김연아 선수도 자신이 이겨야 할 상대는 남이 아니라 나 자신이라 생각하고 재능을 능가하는 노력을 했다. 꾸준히 자신이 세운 세계 신기록을 깨가며 피겨스케이터로서 이룰 수 있는 목표를 다 이룬 이유가 바로 여기에 있다.

vvvvv

"99도까지 열심히 온도를 올려놓아도
마지막 1도를 넘기지 못하면
물은 영원히 끓지 않는다.
물을 끓이는 건 마지막 1도,
포기하고 싶은 바로 그 1분을
참아내는 것이다."

김연아

Chapter

3

지도는 내 마음속에 있어

'이게 되네'
하는 지점

자존감이란 있는 그대로의 자신을 존중하는 것이다. 자존감의 원천은 부모이고 어린 시절에 형성된 자존감이 성인이 되어서도 영향을 끼친다는 말은 틀렸다. 인생 전체를 놓고 봤을 때 매우 짧은 유아기에 한 인간의 자존감이 결정된다면 얼마나 슬픈 일인가. 자존감은 스스로 만들어가는 것이다.

자존감이 높은 친구들을 보면서 공통점 하나를 발견했다. 그들은 이런저런 새로운 시도를 하는 데 두려움이 없다. 수많은 도전을 하고 성공하거나 실패하면서 자신의 수준을 가늠하고 파악해 나간다. 그러다 보면 해낼 수 있는 일과 잘할 수 있는 일을 자연스레 알게 되는데, 나는 이를 '이게 되네' 하는 지점이라고 부른다. 자존감은 외모나 집안, 학벌에서 기인하는 것이 아니라 자신의 의지와 판단에 따라 목표했던 것을 스스로 성취해 낼 때 생겨난다.

보통 수준이었던 노력이 한계점을 넘어가다 보면 어느 순간 어떤 변곡점을 발견하게 된다. 목표를 달성하는 속도가 나고, 결승선의 문턱이 급격히 낮아지며 최대 효율에 가까워지는 지점. 이 이상 노력하면 체력과 정신력이 버틸 수 없을 것 같고, 이이하로 노력하면 큰 변화가 없어서 방향을 상실하고 표류하게 되는 지점. 이대로만 한다면 잘 풀릴 것 같은 느낌이 오는 지점.

"와, 이게 되네?"

나만의 '이게 되네' 하는 지점을 찾아야 한다. 작은 일부터 시작해서 '어라, 이게 되네?' 하는 경험치를 축적해 내가 어느 정도 노력했을 때 얼마만큼의 결과가 주어지는지를 알아보는 것이다. 자신만의 성공과 실패에 대한 데이터가 필요한데, 이는 직접 경험해 봐야 알 수 있다. 나는 20대에 여러 시험에 도전해 하나씩 해치우면서, 그리고 아르바이트로 스스로 생계를 해결하고 인생을 개척할 수 있다는 느낌을 받으면서 알게 되었다. 자신감이 생기니 하고 싶은 일이 많아졌고, 그중에서 '어, 이게 되네' 싶은 것들은 끝까지 물고 늘어졌다.

대학교 1학년에 했던 첫 아르바이트는 하교 후 돌봄이 필요한 맞벌이 부모 자녀들의 학습·놀이 도우미 일이었다. 수업이 끝나면 아이들을 안전하게 귀가시키는 것으로 일이 마무리되었는데, 그러고 나면 밤 9시가 넘었다. 집에 돌아오면 체력이 고갈되어 일과에 지장이 있었다. 아이들을 좋아하는 나에게 재미있고 보람 있는 일이었지만 생계를 해결하기엔 벌이가 부족했고 시간과 체력에도 한계가 왔다. 생계를 위한 아르바이트인 만큼 생활비가 보장되고 공부할 시간도 확보할 수 있는 일을 찾아야 했다. 그래서 새로운 아르바이트를 찾아 나선 것이 학원 강사였다. 여러 아르바이트를 해보면서 부침을 겪고 난 다음에야 내 상황에 맞춤한 일을 찾았다. 나는 학원에서 1년 넘게 일하며 아르바이트와 공부를 효율적으로 병행할 수 있었다.

이처럼 다양한 시도와 과정 속에서 내가 할 수 있는 영역을 넓혀갈 때 자존감은 높아진다. 작은 성공이 쌓이면 자신의 능력에 대한 믿음이 생기고, 한번 손댄 일은 끝까지 해내려고 더 끈질기게 노력하게 된다. 그러면 하나를 하더라도 제대로 하게 되는데, 이는 높은 확률로 좋은 결과를 불러온다.

예민함이라는
무기

         나는 예민한 편이다. 예민한 성향 때문에 외부 자극에 민감하게 반응하며 이를 소화하고 처리하는 데 많은 시간과 에너지를 소모한다. 예민한 사람들은 감각계와 신경계가 발달되어 있어서 시각, 청각, 후각, 미각, 통각 등 모든 감각에서 역치가 낮다. 반응이 빠르다는 말이다. 가령, 타인의 표정과 눈빛에서 누군가는 보지 못하는 감정을 읽고, 마트에서

쇼핑을 하다가도 광고 음악이나 방송이 반복되면 스트레스로 느껴져 이어폰을 끼거나 공간에서 벗어나려고 한다. 길에서 잠깐 옷깃을 스쳤던 이의 땀 냄새도 민감하게 감지해서 한번 더 돌아보게 된다. 신경 쓰는 게 많은 만큼 처리할 정보도 많아지다 보니 스트레스 지수가 높아진다.

또한 누군가의 죽음이나 안타까운 사건 사고를 접하기라도 하면 그 감정에 깊이 빠져버린 나머지 우울감이 며칠 동안 지속되기도 한다. 최근에는 아동 학대 기사를 보고 나서 한 달간 힘이 없었다. 나는 심지어 사기 혐의 기사도 끝까지 읽지 못한다. 남의 돈으로 평생 호위호식하는 가해자와 아픔에 힘겨워하고 있을 피해자가 눈앞에 선명하게 그려지기 때문이다.

감각을 곤두세우는 예민함은 흔히 공감능력으로 나타난다. 나는 남들에게 보이지 않는 것을 보고 남들이 쉽게 지나치는 것을 지나치지 못한다.

의대 본과 3학년 때 병원 실습을 돌던 어느 날, 폐암과 식도암이 동시에 발병한 70대 할아버지가 8년째 치매 걸린 아내를 간호 중이라는 이야기를 들었다. 할아버지는 항암 치료를 받느라 입원하는 바람에 아내를 돌보지 못해 걱정이라고 하셨다. 배에 삽입한 튜브로 밥도 처음 넣어보고 소독도 하고, 식도가 다 협착되었는데도, 기운을 차려서 얼른 집에 가야 한다며 열심히 챙겨 드시는 모습에 나는 눈물을 훔쳤다. '모든 걸 붙잡고 살아야겠다, 이겨내야겠다' 하니까 정말 1년 반 넘게 버티게 되더라는 할아버지의 말씀에 경외심까지 들었다. 하루를 버텨야 할 이유가 생기면 정말로 버틸 수 있구나, 반대로 탁 하고 놓아버리면 또 놓아지는 게 사람 목숨일 수 있겠구나, 하는 생각과 함께.

할아버지를 도와드리고 싶은 마음에 복지팀을 찾았더니 "이미 지원을 다 받고 계세요. 항암으로 한 번 입원할 때마다 본인 부담금 10만 원 밖에 안 들어요"라는 무뚝뚝한 답변이 돌아왔다. 할아버지는 아내와 본인 두 사람의 한 달 생활비가 85만 원이라고 했다. 누가 들어도 적은 돈이지만 경조사 다닐 곳은 다니면서 도리는 했다 하신다. 하지만 암이 되돌이후두신경을 침범해 목소리가 나오지 않았을 때는 목돈이 없어 그대로 몇 주를 생활하셨다. 성대 마비 시에 맞는 스테로이드 주사는 몇십만 원 꼴이라 맞지 않고 버티신 것이다. 그러다 자식에게서 온 전화를 받았는데 목소리가 나오지 않더란다. 전화기 너머로 기겁

하는 딸을 진정시키기 위해 겨우 주사를 맞기로 결심했다고 한다. 그런 할아버지에게 10만 원은 결코 적은 돈이 아닐 것이다.

예민한 성향을 가진 사람이라면 남의 눈치를 살피고 남의 일에 신경을 쓰게 된다는 점에 공감할 것이다. 주변 사람이 불편한 일을 겪으면 내가 신경을 쓰게 될 것이 싫으니 아예 이를 미연에 방지하려고도 한다. 이런 마음이 어떤 때는 그저 나의 이기심처럼 느껴지기도 한다.

한번은 이런 적이 있었다. 때는 본과 1학년 해부학 수업. 우리 조의 조원이 카드가 든 지갑을 잃어버렸단다. '아침 8시부터 저녁 9시까지 수업 듣고 퀴즈 준비하고 해부학 실습을 하면 카드 분실 신고를 할 틈도 없을 텐데? 분실 신고를 하더라도 집에 있는 시간이 없을 텐데, 새로 발급한 카드를 어떻게 수령하지? 이번 주는 특히 공부할 게 많아서 늦게 끝나니 은행을 가기도 힘들 것 같은데? 현금이라도 있으면 될 텐데, 있으려나?' 조원의 "카드 잃어버렸다"는 말 한마디에 이렇게 시끌벅적해지는 사고회로라니 콧방귀가 나온다. 또 남 걱정을 하고 있다.

　지금 생각하면 좀 어이없고 웃긴데, 우리는 친한 사이가 아니었고 심지어 내가 휴학을 하고 한 기수를 내려오고 나선 전혀 왕래가 없었다.

　물론 당시에도 별로 친하지도 않은 사이에 챙겨주는 것이 유난스러워 보여 고민을 했다. 그래도 나는 다음 날 아침에 현금 5만 원권을 챙겨 나왔다. 돈을 빌려줄 작정으로 나왔으면 그냥 빌려주고 말 것이지 나도 참, 주머니에 넣었다 꺼냈다를 반복하다가 이건 오지랖이라고 스스로를 만류했다. 그러다 어처구니 없게도 어딘가에서 돈을 잃어버리고 말았다. '망했네……. 빌려주는 건 괜찮은 액수지만 잃어버리기엔 피 같은 내 용돈인데.' 결국 도움은 주지도 못하고 고민만 하다가 길바닥에 돈을 버린 셈이었다.

　이런 나의 예민한 성향 때문에 피곤하기도 하지만, 덕분에 내가 겪은 사실과 사건을 사유하고 상상하고 집중하는 힘을 얻었다. 이를 배경으로 글쓰기가 가능했다. 예민한 사람은 자신의 민감성을 긍정적인 방향으로 활용하면 좋다. 예를 들어 나는 타인의 말과 행동에 신경을 곤두세우고 사는 편이니, 수업을 들을

때 선생님의 농담이나 짧고 강렬한 암기법 등 떠오르는 것을 무
작정 다 적어놓고 나중에 그 상황으로 돌아간 듯 충만하게 공부
를 하면 입시 승률을 높일 수 있었다. 합격과 불합격으로 갈리
는 대학 입시를 준비할 때는 선생님의 농담까지 전부 필기했다.
그러자 필기한 농담을 읽을 때면 내가 유령이 되어 강의실 한가
운데에 앉아 있는 학생의 몸에 빨려 들어가듯이 생생하게 그 현
장이 떠올랐다. 이렇듯 나는 작정하고 온갖 신경을 곤두세우면
집중력과 암기력이 미친 듯이 올라간다. 그렇게 해서 단기간에
해내야 하는 일들은 대부분 성공시켰다.

> 예민함은 나의 인생에서 평생 함께할 적이자
> 동지다.

가끔은 괜히 긁어 부스럼을 만들어 스스로를 피곤하고 성
가시게 하지만, 중요한 순간에는 내가 목표로 하는 것들을 달성
시키는 에너지가 되어준다. 덴마크의 저명한 심리학자 일자 샌
드는 『센서티브』라는 책에서 민감한 사람은 타인에 대한 감정
이입 능력이 탁월해 남을 돕거나 지지하는 직종에 종사할 때 더
많은 재능을 발휘할 수 있다고 말한다. 의사를 꿈꾸고 있는 나

에게 예민함은 결함이 아니라 환자를 위해 일하는 데 꼭 필요한
자원이 되어줄지도 모르겠다.

나의
'열심'을
비웃지 마라

'무엇이든 열심히 하는 애'

'어떻게든 열심히 사는 애'

한동안 나를 따라다니던 말이다. 열심히 한다는 것이 실력과 재능 없음의 증거가 아닌데도 나는 학창 시절에 열심히 공부하는 것이 부끄러웠다. 당시에는 빽빽하게 필기한 교과서와 노트가 너무 창피했다. 지나친 내 노력을 들켰을 때 점수를 궁금해하는 주변의 시선이 부담스러웠다. 왜냐면 늘 기대했던 만큼 성적이 나오지 않았기 때문이었다. 하지만 그것과 별개로 나는 대학에 가서도 여전히 무엇이든 열심히 공부했고 어떻게든 열심히 살았다.

우리 엄마는 동네의 오래된 상가에서 20년간 옷 장사를 해오셨다. 1년 중 설날과 추석 당일 딱 이틀 쉬고 363일을 일만 하셨다. 없는 살림에도 엄마는 내가 주눅 들지 않고 다양한 경험을 할 수 있는 여건을 만들어주려고 무던히 노력하셨다. 대출을 받아 무리해서라도 보내주셨던 학원을 그만두어야 했던 적도 있었다. 그때도 내가 행여나 친구들 앞에서 자존심 상하진 않을까 걱정하셨다. 내 미래를 위한 부모의 고귀한 희생을 알기에 일찌감치 성인이 되면 가장 먼저 경제적으로 독립을 하는 게 효도라고 생각하게 되었다. 대학생이 되고부터는 더 이상 부모님께 기대고 싶지 않았다. 어떻게든 혼자 생계를 책임지고 싶었다. 그래서 아르바이트와 전액 장학금을 타기 위한 공부, 그리고 취업 준비를 동시에 했다.

나는 주로 학원에서 아이들을 가르치는 일로 생활비를 벌었다. 오후 4시부터 시작되는 학원 수업 일정에 맞추기 위해 학교 강의를 전부 4시 이전에 마치도록 짰다. 학점 관리를 위한 본격적인 공부는 저녁에 하고 공강 시간에는 틈틈이 수업 자료를 정리해 외우면서 다녔다. 이렇게 정리해 놓으면 시험기간에 할일이 확 줄었다. 그때는 빠듯한 생활비 걱정에 아르바이트 한번 빠지는 것도 아쉬워서 개강 파티에도 못 갔다. 동기나 선후배와의 술자리에도 거의 못 나갔다. 한 자리에서 끝나면 다행이지만 보통은 장소를 이동하며 2차, 3차까지 술자리가 이어졌고, 밤늦게 택시라도 타는 날에는 돈이 와장창 깨졌다. 그런 자리는 아예 가지 않는 게 마음이 편했다.

한때 '대충 살자'라는 밈meme이 유행이었다. '복잡한 세상 편하게 살자'는 태도가 미덕으로 여겨지기도 했다. 사실 이런 흐름은 노력한 만큼 보상받지 못하는 현실에서 오는 자조와, 동시에 치열한 경쟁에 대한 피로감과 무력감을 표현한 게 아닐까. 살면서 한 번도 대충 산 적이 없으니 대충, 편하게 살자는 말에서 위로를 받았던 것이다.

요즘은 조금 흐름이 바뀌어 '갓생 살기'를 한다. '갓생'은 자신의 본분에 집중하는 삶을 살기 위해 목표 지향적인 루틴을 세워 실천하는 것을 일컫는 신조어다. 코로나로 인해 여행도 갈 수 없고 일상도 멈춘 상황이 되자 무기력함에서 벗어나기 위해 뭐라도 해보려는 시도인 듯하다. 너도나도 부지런한 삶을 살고자 애쓰고, 자신의 시도와 성취를 SNS에 공유하며, 서로 격려하고 응원한다.

앞으로도 나는 원하는 것을 이루기 위해 계속 시도하고 도전할 것이다. 그 과정에서 어떤 건 성공하고 어떤 건 실패할 것이다. 때론 좌절과 패배감도 느끼겠지. 그렇지만 꾸준히 노력하다 보면 결국 결실을 맺을 수 있다고 믿는다. 아직 진행 중이지만 내가 의사라는 꿈에 한 발짝 더 가까워진 것도, 유튜브를 하고 책을 쓰게 된 것도 '열심'이 빚어낸 결실 중 하나이니까. 그래서 나는 오늘도 상상을 현실로 바꾸기 위해서 최선을 다해 살아가고 있다.

타인의 비난에
명랑하게
대처하는 법

　　말은 곧 그 사람 자신을 나타낸다. 그 럼에도 타인을 쉽게 비난하고 험담하는 사람들이 있다. 본인이 품은 불만에 대해 주변의 공감을 얻어 일종의 안정감을 얻으려 는 목적이 있을 것이다. '나만 걔가 싫은 게 아니었어. 역시 잘못 은 그 사람이 했어.' 이런 대답이 돌아오길 기대하면서 남 이야 기를 입에 올린다. 뒷담화는 결국 당사자의 귀에 들어가기 마련이다.

연애 시절, 남편은 내가 누군가에 대해 투덜대려고 하면 늘 자리를 떴다. '아니, 이 사람은 내가 얘기를 시작하려는데 어딜 가는 거야?' 속으로 중얼대고 있으면 다시 돌아와 말했다. "우리 다른 얘기 할까?" 남편은 좋지 않은 이야기가 시작되는 것을 애초부터 막으려고 그랬던 것이었다. 덕분에 우리는 밤새 수다를 떨다 얘깃거리가 고갈되어도 남의 험담은 하지 않는다.

"정말 나쁜 사람들은 네가 욕하지 않아도 주변에서 욕 많이 먹고 살아. 그러니까 넌 하지 마. 굳이 욕을 해서 네 입을 더럽히지 말라는 의미야. 그리고 더 중요한 건 험담은 습관이라는 거지."

험담은 중독적이다. 그렇기에 이는 곧 습관이 된다. 습관이 되면 본인은 자기가 남을 헐뜯고 있는지조차 인지하지 못한다. 제일 무서운 상황이다. 험담은 입을 통한 가장 더러운 배설 행위에 불과하니 결국은 본인에게 손해다. 타인을 험담하고 비방하는 데 불필요한 에너지를 쓰는 것이니 말이다.

누구나 SNS로 많은 사람에게 노출되고 유명인이 될 수 있는 요즘은 일반인에게도 악플이 달린다. 나도 유튜브를 시작하면서 악플을 경험했다. 얼마 뒤 방송 출연까지 하고 나니, 악플의 수위가 전보다 훨씬 더 심해졌다. 유튜브를 통해 소소하게 활동할 때의 반응과 단 한 번의 공중파 출연 이후의 반응은 비교할 수 없는 수준이었다. 지금은 고비를 넘겨서 덤덤하게 얘기할 수 있지만, 악플을 처음 겪을 땐 씁쓸하고 겁이 나서 내 모든 활동을 멈춰야 하는 게 아닌가 생각했다. 사소한 일에도 위축되었고, 타인이 나를 싫어할 만한 이유를 찾으면서 멀쩡하게 잘 살고 있는 나 자신을 자꾸 검열하기도 했다.

험담은 오랜 시간 인류를 괴롭혀 왔다. 소설가 헤밍웨이가 친구이자 『위대한 개츠비』의 작가인 스콧 피츠제럴드에게 보낸 편지에는 이런 대목이 있다.

"별 볼 일 없는 인간들이 지껄이는 말들일랑 걱정하지 말고 계속 글을 써."

멈추지 않고 글을 써 위대한 작가가 되는 것이 중요했던 헤밍웨이가 할 법한 진심 어린 조언이었다.

악플의 구렁에서 헤어날 방법은 없다. 악플을 박멸할 수 없다면 나에게 이로운 방향으로 활용해야겠다고 생각했다. 맹목적인 비난이 아니라면 나를 돌아보고 다르게 생각할 기회로 삼을 수 있으니까 말이다. 세상에는 다양한 시선이 존재한다. 내게 도움이 되는 비판은 겸허히 수용하고 나머지는 대응하지 않고 흘려보내면 된다. 가령, 방송 출연 이후에 "방송에 나올 시간에 공부나 더 하라"는 이야기를 들었는데, 이는 나를 발전시킬 수 있는 의견이니 수렴하면 된다.

한동안 악플이 내 정신을 쏙 빼놓았지만 더 이상 흔들리지 않기로 했다. 결국 내 운명은 내가 설계하는 것이고, 내가 아닌 누구도 나의 행복을 무너뜨릴 순 없으니.

사실이 아닌 비난에 내 가치를 깎아내리지 말자.

의대생
아기 엄마의
멘탈 관리

병원의 인턴은 근무 시간 외에도 호출이 오면 여기저기 불려 간다. 그래서 언제 올지 모를 호출을 대비해 병원이나 병원 근처에서 항시 대기해야 한다. 언젠가 아이를 키우며 일을 하고 있는 의대 선배가 이런 이야기를 했다. 아기가 태어났을 때 인턴 시절로 다시 돌아간 것 같았다고. 다만 다른 게 있다면 인턴 시절에는 콜이 왔을 때 자신이 못 받으면 누군가 대신 일을 해주었는데, 육아는 그럴 수 없다고.

아기의 콜은 예고 없이 울린다. 아기의 청력은 생후 1개월부터 예민해지기 시작하는데 접시가 부딪히는 소리나 작은 발걸음 소리에도 아기는 쉽게 깬다. 어른들의 식사가 원래 이렇게 조용한 것이었나. 남편과 나는 모든 음식을 반추동물처럼 녹이듯 먹어야 했다. 아기를 돌보는 시간에는 이어폰에서 새어나오는 희미한 노랫소리도 허용되지 않았다. 아기가 잠을 길게 자는 시기에는 한참 동안 집 안이 고요했다. 그러다 점차 아기가 깨어 있는 시간이 길어질 무렵 오랜만에 스피커로 좋아하는 음악을 틀었다. 그 순간, 머릿속에서 불빛이 번쩍였다. '와, 이래서 노동요가 탄생했구나!'

노래의 전주가 흐르자마자 행복해지니 원래 사람이 이렇게 단순한 존재였나 싶다. 노래 한 곡이 주는 위안이 이토록 크다. 그 이후 나는 밤마다 꼭 노래를 들었다. 30분의 음악 감상으로 하루를 버틸 힘이 생겼다. 한쪽 귀는 아기방의 CCTV에 내어주고 다른 쪽 귀에는 이어폰을 꽂았다. 그마저도 즐거웠다. 흥을 무기로 피곤함과 싸워나갔다.

육아는 '1일 1빡'이다. 인내심의 최대치를 시험하는 순간이 하루에 한 번은 꼭 찾아온다. 훈육이 가능한 나이도 아니고 말을 한다고 알아들을 나이도 아니기에 별다른 수가 없다. 그렇다고 감정을 억누르기만 하면 언젠간 넘쳐흐른다. 틈틈이 조금씩 흘려보내야 한다. 나는 그때마다 노래를 들었다. 1년에 한 번 친구 만나는 날에 몰아치듯 휴식할 게 아니라 매일 숨 고르기가 필요했던 것이다.

양육자끼리의 대화도 중요하다. "힘들다. 정말 죽을 것 같아"라는 울분 섞인 한탄은 단순한 하소연이 아니다. 어른으로 사는 피곤함이 이런 거라며 참는 것도 하루 이틀이다. 이럴 땐 서로의 고충을 들어주기만 해도 어느 정도는 풀린다. 상대의 입에서 힘들다는 말이 나오기 전에 한숨 섞인 숨소리만 듣고도 알아채서 먼저 말을 꺼내준다면 최고!

"표정이 어두운데? 뭔데, 말해봐."

남편이 기다렸다는 듯이 이야기를 털어놓기 시작한다. 사실 딱히 힘들지 않은 날도 이런 살가운 질문이 훅 들어오면 마음이 스스르 녹으면서 사소한 이야기라도 하고 싶어진다.

"있잖아, 내가 오늘 이런 일이 있었는데……."

"그랬구나. 그러라지 뭐, 하고 넘겨보자. 밖에서 감정을 드러내는 아마추어로 살지 말지어다. 오늘 내가 치킨 쏜다!"

"응, 좋아."

그러면 남편은 이제야 오늘 하루도 대수롭지 않게 넘길 마음이 났는지 밝게 웃으며 대답한다.

바쁘고 치열한 하루를 보내고 나면 마음의 여유도 점점 없어진다. 그러다 보면 배우자와 갈등을 빚기도 쉬워진다. 부부 싸움의 시작은 자신의 마음을 이해받지 못한다는 데서 출발하기 때문에 사소한 것도 싸움의 원인이 되기 쉽다. 날 세운 말들로 난장판이 되고 네가 언제 한번 내 기분 물어본 적 있었냐는 말이 나오기 전에, 먼저 배우자의 마음을 묻는 노력을 해보자. 배우자를 개복치라고 생각하고 혹시 작은 상처라도 난 건 아닌지, 무언가에 놀라 스트레스를 받지 않았는지, 서로의 기분을 매일 살펴주자. 너무너무 예민해서 작은 자극에도 죽을 수 있는 개복치를 돌보는 마음으로 지내는 것이다. '솔직히 당신보다는 내가 오늘 더 힘든 하루를 보낸 것 같은데……' 싶은 날에도 먼저 상대방의 기분을 슬쩍 물어보자. 오늘 힘든 일이 뭐가 있었는지 말해보라고, 일단 털어놓으라고 꼬셔보자.

"뭔데, 말해봐."

이 말은 우리 부부가 서로의 이야기에 귀를 기울이기 위해 하루도 빠짐없이 했던 노력이었는데 효과가 매우 좋았다. 서로 얘기를 충분히 털어놓고 나면 자연스레 스트레스가 풀리고 긴장감이나 압박감이 사라졌다.

아들은 요즘 내가 수업을 마치고 집에 돌아오면 현관문 비밀번호 누르는 소리에 성큼 달려와 문 앞에 서 있다.

"엄마, 공부 가따 와떠? 힘들어떠? 나랑 같이 놀자."

이제 겨우 네 살이 된 아이가 혀 짧은 소리로 오늘 하루 어땠는지 나에게 묻는다. 아들의 이 한마디에 지친 몸과 마음이

씻기는 듯하다. 소중한 사람에게, 그리고 나 자신에게 물어봐주
자. 오늘 하루 어땠는지. 별거 아닌 말 한마디에 소진되었던 에
너지가 충전될 것이다.

나를 지켜주는
하루의 빈틈

출산을 하고 나서 한동안은 징글징글
하게 우울했다. 아이는 점점 크고 돈 들어갈 일은 많아지는데,
학생 신분인 남편과 내가 해줄 수 있는 건 너무나도 작았고 체
력은 고갈되어 갔다. 깜깜한 새벽 등굣길을 걷다 보면 마음이
착잡했다.

'언제까지 이렇게 힘들게 살아야 하지?'

'졸업까지 몇 년을 어떻게 더 버티지?'

'확 휴학이나 또 해버릴까?'

이런 부정적인 생각뿐이었다. 믿을 만한 누구에게 털어놔
도 돌아오는 위로는 "언젠간 끝난다"는 것이었다. 나도 그렇게
반복해서 되뇌었지만 우울한 기분을 누르고 앞으로 나아가는
데에는 전혀 도움이 되지 않았다. 육아와 공부 모두 절반의 몫
만 하고 있다는 생각이 들었고 반쪽짜리 엄마이자 반쪽짜리 학
생이라는 죄책감에 시달렸다.

새벽에는 아기의 기저귀 냄새 때문에 잠에서 깼다. 기저귀
를 갈고는 다시 누웠다. 뻑뻑한 눈을 감으며 오지 않는 잠을 억
지로 청했다. 기저귀를 갈러 일어난 김에 화장실에 가서 시원하
게 소변을 누고 상쾌하게 누우면 좋으련만, 그때는 그럴 힘도
없었다. 시선이 천장의 형광 스티커들을 따라가며 생각이 꼬리
에 꼬리를 물었다. 그러다 날이 밝기 전에 스르륵 잠이 들었다.
새벽 6시가 되면 방광이 꽉 찬 상태로 일어나서 급히 화장실로
달려가 변기에 앉는 게 일상이 되었다. 얼마 자지도 못하고 '에

구구' 소리를 연신 터뜨리며 알람 없이 눈을 뜨곤 했다.

학기 초에는 절대 지각하면 안 된다는 긴장감 때문에 알람을 맞추고 잠들었는데, 다른 가족이 예정에도 없이 하루를 일찍 시작하게 되는 것이 미안해서 이제는 알람도 맞추지 않는다. 대신 저절로 꼭두새벽에 눈뜨는 법을 연마했다. 고양이 세수를 하고 양치하고 물 한 잔 마시고 밥을 하고 로션만 슥슥 바른 채 어제 허물처럼 벗어놓은 바지를 주섬주섬 그대로 올려 입고는 택시 앱을 켜면서 뛰쳐나간다.

하루에도 서너 번씩 그런 생각이 든다. 결혼을 하고 애를 낳으면 왜 이렇게 시간이 없고 정신이 없지? 결혼하기 전부터 나는 친구들을 만나고 돌아온 뒤에는 반드시 혼자만의 시간을 가져야 에너지가 회복되는 사람이었다. 놀 때는 잘 놀지만 금세 피곤해져서 기가 빨린 채 돌아왔다. 그러면 나는 조용한 내 방에서 오롯이 휴식을 취해야 했다. 하지만 의대생이 되고 아기 엄마가 되고 나니, 택시 탈 때와 시험 전날 말고는 눈뜨는 순간부터 눈 감는 순간까지 혼자 있는 시간이 거의 없었다.

바빠질수록 혼자만의 시간을 간절히 원하게 되었다. 한 시간이라도 내 시간을 가지려고 생각해 낸 방법이 외부에서 먹는 한 끼 식사였다. 그래서 병원 실습 중 점심은 혼자 먹기로 했다. 혼자 시간을 보내며 재충전하는 유일한 시간. 그렇게 '혼밥'은 나의 즐거움이 되었다. 그동안 거슬리던 생각들을 정리하기도 하고 때로는 아무것도 하지 않기도 했다. 와글와글한 구내식당을 벗어나 눈치 보지 않고 조용히 끼니를 때웠다.

가끔은 소리 내어 시를 읽었다. 시는 짧아서 호흡을 가다듬고 한 줄 한 줄 여유롭게 읽을 수 있었다. 읽는 속도가 느려지니 평소엔 그냥 지나쳤던 단어들을 천천히 곱씹어보게 되었다. 무언가에 붙들려 있던 나를 놓아보는 시간이었다. 그럴 때면 나를 짓눌렀던 답답함도 싹 사라졌다.

육아와 살림, 공부를 병행하다 보면 당연히 과부하에 걸릴 수밖에 없다. 모든 체력을 쏟아붓고 24시간을 촘촘히 쪼개 써도 모자라고 부족한데, 이는 어느 순간 우울과 무기력으로 찾아온다. 이제는 안다. 그럴 때일수록 어떻게든 하루 안에서 빈틈을 만들어 오직 나를 위해 써야 한다는 것을. 크고 거창한 보

상이 아니라, 작고 소박한 시간들이야말로 나를 지켜줄 수 있
다는 것을.

닮고 싶다면
가까이, 더 가까이

자신과 비슷한 상황과 조건을 지닌 사람을 찾아 그 사람에게 해답을 구하려고 하는 건 본능이다. 그 사람이 시도했던 공부 패턴, 생활 방식 등을 따라 하면 나에게도 비슷한 결과가 주어질 가능성이 높다. 그런 사람에게는 조언도 적극적으로 구해야 한다.

본격적으로 글을 쓰기 시작했을 때 나는 좋아하는 작가들을 유심히 관찰했다. 나는 김영하 작가님과 문유석 판사님의 글을 좋아하고, 읽을 때마다 감탄한다. 김영하 작가가 어떤 영상에서 소설 쓰기를 위해 하는 루틴을 소개한 적이 있다. 그는 타이핑할 때 타격감을 높이기 위해 손톱을 깎고, 휴대폰과 인터넷이 없는 공간에서 혼자만의 시간을 보내며, 딱 한 줄만 쓴다는 생각으로 일상에서 오감에 집중해보고, 무의미한 일들을 생생한 언어로 압축해 기록한다고 했다.

나도 그를 따라 해보기로 했다. 글감을 떠올리기 위해 이동시간에는 휴대폰을 보지 않았다. 아무리 사소한 것이라도 보고 느낀 것을 적어놓으면 정말 그 몇 단어에서 글이 시작되었다. 대중교통을 이용할 때나 카페에서 시간을 보낼 때는 휴대폰과 인터넷을 쓰지 않고 오로지 한글 문서 하나만 켜놓고 화면의 공백에 집중했다. 일간지 두 개와 주간지 한 개를 신청해 매일 매주 받아 보았다. 세상 돌아가는 이야기에 최대한 귀를 열었다. 택시를 타면 기사님과 대화를 시도해보기도 했다.

글을 쓸 때 본받은 사람은 유명한 작가만이 아니다. 어린이에게도 본받을 점이 있었다. 소아청소년과 실습 중에 한 아이를 만났다. 내 가운 주머니에 꽂힌 휴대폰 두 개를 언제 보았는지 아이가 나에게 물었다. "이모는 왜 휴대폰이 두 개예요? 그리고 왜 이 휴대폰을 더 좋아해요?" 머리를 한 대 얻어맞은 듯 했다. 미니카로 놀아주는 10분 사이에 아이는 내가 휴대폰을 두 개 사용한다는 것과 병원에 있는 동안은 병원용 휴대폰만 확인한다는 것을 알아챈 것이었다. 아이들의 관찰력은 새삼 놀랍다. 글은 시선에서 출발한다. 나는 호기심 어린 눈으로 세상을 바라보는 어린이의 관찰력을 닮고 싶었다. 그 순수함을 배우고 싶었다. 그래서 소아청소년과 실습 기간에는 스테이션(간호사들의 사무 공간)에 앉아 아이들이 하는 말에 집중했고 오랫동안 그 곁에 머물렀다. 덕분에 내 안의 어린아이와 만났다.

오늘 하루 보고 느낀 것을 적어본다. 휴대폰을 끄자 지극히 평범했던 광경들이 특별하게 여겨지며 새로운 언어와 감각으로 되살아났다. 20대에는 지하철 1호선이 지하로 다니는 다른 호선에 비해 덥거나 춥고, 더럽다고만 생각했는데 감각을 곤두세우고 살펴보니 새롭게 보이는 것이 있었다. 학생들 사이에서 유행하는 신조어, 건너편 연인이 싸운 별것 아닌 이유, 경로석에 앉은 노인들이 나누는 고민들. 낯선 사람들에게 새로운 이야기를 우연히 들을 수 있었다. 마치 라디오를 틀어놓은 것처럼.

인천에서 용산으로 가는 1호선 특급 열차를 타면 몇몇 역만 정차하고 여러 역을 지나친다. 그러면서 플랫폼을 한발 물러서서 낯설게 볼 수 있게 된다. 구로역은 유독 전동차와 승강장 사이의 거리가 넓어 하차할 때 발이 빠지지 않게 특히 조심해야 한다. 그래서인지 구로역의 플랫폼 아래에는 테이크아웃 커피컵이나 페트병, 신발 한 짝 같은 것들이 떨어져 있다. 신발 중에는 덜렁거리기 쉬운 뮬, 슬리퍼도 있었지만 하얀 운동화 한 켤레가 나란히 떨어져 있기도 했다. 두 짝이 다 떨어진 그 운동화를 보면서 혹시 안타깝게 철로에 투신한 자의 흔적일까, 아니면 취기에 실수로 벗어던진 것일까 생각했다. 나는 이런 식으로 훈련하면서 글쓰기를 연습했다.

닮고 싶은 사람을 가까이 해야 하는 이유는 또 있다. 나는 닮고 싶은 사람들, 즉 나보다 조금 더 나은 사람들 곁에 머무르면서 자존감을 높이고 열등감을 자극제로 활용할 수 있었다. 자연스레 그들의 좋은 점을 닮고 내 것으로 만들기 위해 노력하다 보니 그만큼 더 성장하게 되었다. 누가 되어도 좋다. 닮고 싶으면 가까이, 더 가까이 다가가야 한다.

아기 탄생의 기쁨,
내가 사라지는 슬픔

엄마가 된다는 건 생의 기쁨과 슬픔이 같이 오는 일이다. 내 삶에 들어온 아기의 존재로 생의 기쁨을 누리지만 내 삶에서 내가 사라지는 슬픔도 따라온다. 친구들을 마음 편하게 만나본 게 언제인지, 내가 좋아하는 계절은 무엇이었는지, 자주 가던 식당이 어디였는지, 평소 흥얼대던 선율이 무슨 노래였는지…….

아기가 태어나 부모가 되면 삶이 완전히 뒤바뀐다. 분주하고 피곤한 날의 연속이다. 생활에 필요한 모든 물건을 아기의 것과 어른의 것으로 분류하여 구비해야 하고, 위생에 더 신경 써야 하며, 생필품과 식료품도 부부만 생활할 때보다 배로 빨리 줄어드니 미리미리 챙겨둬야 한다. 일상에서 사소하게 신경 쓰는 게 많아지면 피로가 누적되고 결국 삶의 질이 떨어진다. 도장 깨기 식으로 오늘의 할 일을 쉼 없이 해치워도 아직 산더미로 남아 있는 느낌이다. 공부와 일 때문에 밖에 나와 있어도 온전히 집중하기가 어렵다. 특히 아이가 아프기라도 하면 시도 때도 없이 휴대폰을 확인하다 하루가 끝난다.

출산 이후 누군가가 가장 하고 싶은 일이 뭐냐고 물으면 단연 자는 것이라고 대답을 해왔다. 신은 엄마가 되면 육아하느라 잠을 못 잘 걸 알고 임산부들에게 졸음을 다 때려부으신 걸까? 잠이 그리울 날이 올 테니 아기 없을 때 미리 푹 자두라고. 쿨쿨 자느라 바쁘던 임신 시절을 두고 남편과 나는 그때 막 쓰던 시간들을 가져와 잠자는 데 쓰고 싶다고 말한다. 하지만 수면 부족으로만 육아의 고충을 얘기하기엔 아무래도 모자라다.

육아는 아무것도 보이지 않고 아무 말도 할 줄 몰라 울기만 하는 아기의 마음을 헤아리는 데서 시작한다. 집 안에 울음소리가 끊이지 않는다. 아기도 울고, 엄마도 운다. 아기 입장에서는 배고프다, 방귀 한번 뀌는 게 이렇게 어렵다, 속이 불편하다, 잠이 깼다 등 다양한 말을 하는 것인데 엄마는 도통 무슨 마음인지 몰라서 같이 운다. 갓난아기는 엄마의 눈물을 볼 수 없고 소리도 듣지 못한다. 이를 잘 알기에 엄마는 곧 울음을 그친다. 엄마의 울음은 아무도 듣지 못하는 울음이다. 쓱쓱 눈물을 훔치고는 아주 잠깐의 여유도 주지 않는 젖먹이의 눈치를 살피며 우유 기름기 낀 젖병들을 설거지한다.

아이가 밥을 잘 먹다 갑자기 밥상을 뒤집어 엎어버릴 때면 화가 나기도 한다. 그 순간에도 바닥을 훔치고 있는 나를 발견하곤 이렇게 매 순간 청결에 일조하고 있는데도 집 안이 이렇게나 더럽다니 도대체 내가 뭘 하고 있는 건가 싶다. 빨래를 돌리고 아기를 재울 때면 피곤에 절어 깜빡 같이 잠이 들기 일쑤다. 우리 부부는 제때 빨래를 널어본 기억이 없다. 쉰내 나는 빨래를 개다가 괜히 허공에 짜증 내기를 되풀이하곤 했다. 그러다 깨달았다. 아기를 이해하기 위해서는 '아기니까 그럴 수 있지'

를 계속 되뇌는 연습을 해야 했음을.

당장은 힘에 부치고 고되지만 이렇게 재밌고 보람찬 시기
는 다시 돌아오지 않는다. 100일만 지났으면, 걸어만 다녔으면,
분유만 뗐으면……. 힘들었던 시기의 나의 바람들은 누군가 시
간을 훔쳐 간 듯 모두 순식간에 지나갔다. 그러니 지금 마음껏
사랑하고 충분히 즐겨야 한다. 엄마가 되지 않았다면 절대 누리
지 못했을 이 감정들을 느끼게 해준 아이에게 감사한다. 이 시
간은 순간의 봄처럼 또 지나갈 테고 아이는 훌쩍 어른이 되어
있을 테니. 나는 오늘도 현재의 삶에 충실하게 최선을 다할 것
이다.

보상 심리를 지우고
회복탄력성 높이기

하루 중 가장 달콤한 시간은 언제일까? 아마 일과를 마치고 소파에 누워 TV를 켜는 순간이 아닐까? 곤두섰던 신경이 이완되고 긴장이 풀리는 시간. 잠깐만 쉬자고 누웠다가 그대로 잠든 경험은 누구나 있을 것이다. 한없이 게을러지는 저녁 휴식 시간에서 빠져나오기란 정말 힘들다. 만약 저녁 시간을 보다 알차게 보내고 싶다면, 혹은 반드시 해야 할 일이 있다면 이 악순환을 끊어내는 게 가장 큰 과제일 것이다.

출산 후 복학한 본과 1학년 2학기는 나에게 유난히 힘들었다. 휴학 기간에 임신과 출산을 하고 아기만 돌보다 와서 그런지 글자를 읽는 것부터 낯설었다. 아기를 낳고 나니 예전 머리가 아닌 것 같았다. 반나절이면 부풀어오르는 가슴에서 모유가 질질 흘러나와서 쉬는 시간이 되면 서둘러 화장실로 달려가 옷을 갈아입어야 했다. 에코백에 구겨 넣은 젖비린내 나는 뜨듯한 옷과 함께 본격적인 본과 공부에 긴장한 내 모습을 들킬까 봐 마음을 졸였다. 학생이라는 원래 자리로 돌아온 것인데도 너무 두려웠고 숨고 싶었다. 똑똑한 학생들로 빽빽하게 들어찬 강의실에 들어설 때면 공부를 접고 뛰쳐나가 아기를 보러 집에 가고 싶었다.

일주일 전부터 문제집을 미리 읽었지만, 처음 보는 얼굴들과 긴장된 환경에서는 예습도 무용지물이었다. 그래도 틈만 나면 공부를 했다. 다음 날 아침에 전날 배운 모든 내용을 흡수해 온 동기들을 보면 공포가 밀려왔다. 나는 '이걸 배웠나?' 하고 더듬어보는 중인데 교수님이 약간의 흐름만 설명해도 다음에 올 말이 교실 이곳저곳에서 툭툭 튀어나왔다. 누군가는 한 단계 더 나아간 질문을 하기도 했다. 방금 배운 내용도 빠르게 자기 것으로 만들어버리는 동기들을 보며 조바심이 났다. 공백이 있었던 만큼 불안했다. 치열한 경쟁 속에서도 모든 상황을 긍정하던 자신감은 어느새 바닥을 향해 추락했다.

마음을 다잡았다. 아기를 낳고 엄마가 되었으니 이제 전처럼 여유롭게 공부하는 습관은 버려야 했다. 현실을 받아들이고, 최대한 빨리 적응해야 했다. 반등할 준비를 했다. 나중에 아기를 키우면서 학교를 다녔다고 얘기했을 때 모두가 놀랄 만큼 절대 뒤처지지 않을 거라 다짐하면서, 서서히 회복해 나가기로 했다. 걷기도 전에 뛸 순 없으니 우선 걷는 연습부터 하자고 마음먹었다.

복학한 첫 학기에는 '아기 재우고 책상 앞에 앉기'를 목표로 정했다. 고단한 하루를 마치고 집에 돌아오면 쉬고 싶은 보상 심리가 강력하게 발동한다. 이때 일단 눕고 보자 하고 누워버리면 그날 공부는 끝이다. '휴식, 나를 위한 선물' 같은 광고

카피는 철저히 외면해야 한다.

본과 4학년까지의 학사 과정 중 1~2학년 동안 의사 국가고시에 필요한 모든 교과 지식을 집중적으로 배운다. 이 시기에 탄탄하게 공부해 두어야 배운 내용을 활용해 3학년부터 나가는 병원 실습에서 실제 환자를 보고 학습할 수 있다. 그래서 본과 1~2학년 때는 누가 약속을 잡자고 하면 매번 시험기간이라고 대답할 정도로 시험이 많았다. 시험이 끝나면 보상 심리가 따라온다. 며칠간은 공부를 잊고 싶은 욕망이 강하게 인다. 아기를 낳기 전에는 시험이 끝나면 2주 정도는 화끈하게 놀기도 했고, 학교를 탈출해서 땡땡이를 치기도 했다. 하지만 아기 엄마가 된 이후에는 보상 심리를 최소화하고 회복 탄력성을 높여서 최대한 빨리 제자리로 돌아가는 연습을 했다.

나는 시험이 끝나자마자 틀린 문제를 복기하는 식으로 예열 시간을 단축했다. 아는 문제도 틀리고 모르는 문제는 몰라서 틀리는 게 시험이기 때문에 오답노트를 만들면서 제자리로 빨리 돌아올 수 있었다. 시험 리뷰는 시험 당일에 했다. 그전까지는 시험이 끝나고 공부할 자세를 잡는데 최소 이삼일이 걸렸다면 이제는 오답노트를 만들면서 다음 날부터 바로 공부에 돌입했다. 틀린 문제를 복기하는 것은 휴식 시간을 줄이는 충격요법의 일종이기도 했다.

'내가 이걸 틀렸다고? 너무 아까워.'

'이건 도대체 답이 뭐야? 끝까지 붙잡다 나왔는데 결국 찍었네.'

'이 문제는 답이 이게 맞아?'

이렇게 스스로 질문하면서 과거에 공부한 흔적을 찾아 상기하고 한 번이라도 더 중얼거렸다. 내가 공부했던 것과 시험 직후에 확인하는 오답의 연결고리를 만들어 기억을 강화하기 위한 방법이었다. 모든 공부는 무한 반복이다. 특히 나 같은 경우, 의사 국가고시를 준비하면서 또 공부해야 할 내용들이니 나중에 조금이라도 수월하게 넘어가려면 이 과정을 빼먹지 않는 게 좋았다.

육아와 공부를 병행하고 있거나 앞으로 계획하고 있는 분들에게 이런 질문을 많이 받는다.

"시간 관리를 하는 남다른 비법이 있나요?"

"도대체 어떻게 공부하나요?"

누구에게나 24시간은 공평하게 주어진다. 다만 그 시간의
밀도가 다를 뿐. 좀 뻔한 말이지만, 정말 하고 싶은 게 있고 간절
하다면 좀 더 밀도 높은 시간을 보내자. 보상 심리를 지우고, 회
복 탄력성을 높이면서 말이다.

파울로 코엘료

Paulo Coelho

파울로 코엘료는 우리 시대 가장 사랑받는 작가 중 하나다. 자아의 연금술을 신비롭게 그려낸 『연금술사』를 통해 '한 권의 책이 가장 많은 언어로 번역된 작가'로 기네스북에 기록되었다.

그런 『연금술사』도 처음부터 대작은 아니었다. 파울로 코엘료가 이 책을 영어로 출간해야겠다는 생각을 했을 때 주변에서는 허황된 꿈이라고, 불가능하다고 말했다. 하지만 그는 내면의 소리에 집중해 자신만의 길을 가기 위해 노력했다.

그의 꿈은 조금씩 현실이 되어갔다. 10부에서 100부, 100부에서 1000부……. 무려 100만 부의 책이 미국에서 팔리며 그는 세계적인 작가의 반열에 올랐다.

▲▲▲▲▲

"꿈을 이루는 것을
불가능하게 만드는
한 가지 유일한 것이 있다.
바로 실패에 대한 두려움이다."

파울로 코엘료

Chapter

4

상상이 현실이 되는 기쁨

교과서가
가르쳐주지 않은
의사의 소임

세상의 어떤 일은 교과서에서 배울 수 없다. 직접 경험해봐야 알 수 있다. 아픔을 나누는 일이 그렇다. 의사의 당연한 소임이지만 교과서에는 나와 있지 않다. 물론 의사에게만 해당하는 일은 아니다. 세상에 아픔 없는 사람이 없고 다른 사람과 연결되지 않는 일도 없다. 닫혀 있던 마음이 열리고, 마음이 통하고, 서로를 위로하는 경험은 직접 겪어

보지 않고는 그 중요성을 알 수 없다. 이런 배움은 교과서 밖 현장에 있다.

내과의 꽃이라는 호흡기내과 실습이 시작되었다. 실습생들은 인당 두세 명의 환자를 배정받아 환자를 파악한다. 이 환자가 어떻게 병원에 오게 되었고 과거에 앓았던 병은 무엇이었으며 치료는 어떻게 받았고, 지금의 상태는 어떠한지, 그리고 앞으로 어떤 치료를 계획해야 하는지를 의대생 수준에서 설계하는 것이다. 한 사람의 병력을 파악하는 일은 한 사람의 인생을 헤아려보는 일이기도 하다. 환자의 과거 병력이 많으면 그만큼 공부할 것도 많아진다. 나는 64세 여성 환자를 배정받았다. 마지막 실습인 만큼 후회 없이 열심히 해보고 싶은 마음에 월요일 새벽부터 부지런히 움직일 계획이었다.

월요일이 왔다. 새벽 풍경이 제자리를 지키는 시간에 병원에 도착했다. 응급 이송을 하는 앰뷸런스는 바쁘게 움직이고 잠 못 이루는 환자들은 화단과 로비를 오가고 있었다. 24시간 깨어 있는 병원은 잠자는 이성을 흔들어 깨운다. 실수가 허락되지 않는 공간이 주는 무거움이랄까. 나는 서둘러 컴퓨터 앞에 앉아 그녀의 나이와 이름을 입력했다. 검색 버튼을 누르자 글자가 빽빽하게 채워진 환자 차트가 떴다. 한눈에 보아도 병력이 꽤 많아 보였다. '아, 새벽부터 나오길 잘 했네.' 공부할 게 많은 환자였다. 그런데 참 가슴 아픈 사연이네, 암만 세 번째 걸리셨다니. 새벽 4시에서 6시까지 공부를 하고 아침 식사 시간 전인 7시에 환자를 만나러 가야겠다고 계획을 세웠다.

아침 6시가 되었다. 주무시고 계시면 돌아오기로 하고 병실로 향했다. 1530호의 6번 베드였다. 모두가 커튼을 친 채 잠에 빠져 있었다. 하긴 너무 이른 시간에 왔지, 하며 걸음을 돌리려던 그때 어딘가에서 인기척이 느껴졌다. 6번 베드 쪽이었다. 소리가 작아 한참 귀를 기울였다. 울음소리였다. 슬픔을 억누른 채 조용히 끅끅 우는 소리였다. 나는 고양이처럼 걸어가 커튼 너머를 훔쳐보았다. 이런, 눈이 마주쳤다! '그냥 갈까? 아냐. 내 담당 환자인걸. 몇 번을 더 만나러 와야 하는데 이대로 가선 안 돼. 휴지라도 쥐어 드려야지. 잠깐, 무슨 말을 하면서 건네지?' 그렇게 고민하는 사이에 그녀가 쏘아붙였다.

"아가씨 나 알아요? 볼일 봐요. 가던 길 가든지!"

나는 그 자리에 굳어버렸다. 얼마나 침묵했을까. 어설픈 위로는 오히려 상처가 된다는 걸 알기에 눈물을 쏟아내는 환자에게 말없이 휴지를 건넸다.

"고마워요, 선생. 내가 참 불쌍한 것 같아요."

그녀는 죽음을 앞둔 상황이었다. 그 공포는 그녀에게 암보다 강한 아픔이었을 것이다. 나는 어느새 침대맡에 걸터앉아 환자의 항암에 대한 단상을 가만히 듣고 있었다. 그녀의 마음을 열고 '죽음'에 대해 솔직한 얘기를 나눠보고 싶었다.

"환자분, 있잖아요. 병이 생긴 걸 알고 처음 드는 감정은 원망이래요. 하필 왜 나야? 왜 내게 이런 시련이 닥칠까? 신에게 따져 묻고 싶은 마음이요."
"맞아요. 그래서 내가 지금 눈물이……."

우리의 대화는 끊길 듯 이어졌다.

"환자분의 마음을 조금은 알 것 같아요. 저도 죽음은 두렵

고 무섭거든요. 누구에게나 작별의 순간은 찾아오잖아요. 제가
환자분께 이런 얘기를 해도 될지 모르겠어요. 몇 년 전 출산을
하면서 저는 줄곧 이런 생각을 해왔어요. '갑자기 내가 죽으면
어떻게 될까' 하고요. 진심으로 사랑하는 사람이 생기니까 죽음
이 두려워지더라고요. 안정적인 울타리 안에서 지금껏 느껴보
지 못한 사랑을 느낄 때 죽음에 대해 생각하게 된다는 것이 참
아이러니하죠. 생각만 해도 슬프지만 얼른 정신을 차리고, 남은
세월을 '죽음을 준비하는 시간'이라 생각하고 살아야겠다 싶었
어요. 그때부터 제 자신을 돌아보게 됐어요. 그러자 삶의 우선
순위가 명쾌하게 정리되었어요. 지금 이 순간에도 계속되는 질
문이고요.

미리 겁내지 마세요. 하루하루, 한 해 한 해 놀라운 속도로
회복해서 다시 가족의 품으로 돌아가실 거라고 믿어봐요. 일단
오늘, 내일의 내가 행복하고 건강해야 먼 미래의 나도 행복하고
건강할 수 있답니다.

아픈 건 죄가 아니에요. 운이 안 좋았을 뿐이에요. 그러니
자책하지 말고 우울한 감정을 애써 부인하지도 말아요. 안 좋은
감정은 자꾸 커지는 성질이 있는 것 같아요. 그러니까 쌓이지
않게, 순간순간의 속상함을 발산하고 흘려보내세요. 아이처럼

마음껏 터뜨리고 표현하면서요."

"맞아요. 다 맞는 말이에요. 한 치 앞도 모르는 게 우리네 인생이니까……. 고마워요."

그녀가 처음으로 활짝 웃었다.

우리는 슬픔과 아픔을 억압하지 않을 때 비로소 심리적 해 방감을 느낀다. 몸이 아파 힘든 것을 나만의 기억에 가두고 스 스로 치유하기에는 너무나 벅차다. 다른 사람에게 충분히 털어 놓아야 한다. 누군가가 들어주는 과정에서 결국 이 고통은 나 혼자만의 문제가 아니었음을 깨닫게 된다. 그렇게 우리는, 위 로를 받을 필요가 있다.

아픔은 나눌수록 줄어든다.

나는 병실의 환자도, 스테이션의 간호사도, 의국(의사들이 대기하는 방)의 의사도 아닌 병원의 이방인인 의대생이다. 병원 에서 내가 해야 할 일은 오로지 공부이며, 환자의 이야기를 들 어주는 일은 나의 영역이 아니라고 생각했다. 마음 둘 곳 없는

환자에게 쉼터가 되어주는 일을 내가 할 수 있으리라고는 감히
생각조차 못 했다.

1530호 6번 베드 환자와의 진솔한 대화를 계기로 비로소
알게 되었다. 병원에서는 단지 의술만 제공하는 게 아니라 환자
의 마음도 치유해줄 수 있다는 것을. 내가 환자의 이야기를 그
저 들어주기만 해도 그들의 마음이 조금은 풀리며 병원에서의
삶이 나아진다는 것을. 의사와 환자의 만남은 두 진심이 닿는
일, 두 영혼이 통하는 일일지도 모르겠다.

공포의 수술실 속
값진 배움

외과 실습이 시작되었다. 내과 실습은 한 과를 한 주, 길어봐야 2주간 도는 데 반해 외과 실습은 한 달이나 걸린다. 외과 실습은 실습생 사이에서 힘들고 고되기로 명성이 자자하다. 역시나 시작 전부터 단단히 준비해 가야 하는 것들이 있었다. 첫날부터 상처를 봉합하고 매듭짓기 등을 수행해야 하고, 기본적인 해부학 구조물의 명칭도 알고 있어야 했다. 해부학은 의대에 와서 배운 가장 중요하고도 어려운 과목이다. 그래서 해부학을 바탕으로 하는 외과도 당연히 어렵고 힘들거라는 생각이 들어 두려움이 앞섰다. 학생들이 수술을 참관하며 처음 접하는 외과는, 재미있지만 막상 전공을 선택하는 순간에는 선호하지 않는 곳이라고들 한다. 그도 그럴 것이 외과에서는 큼직큼직한 장기를 다루다 보니 수술 시간이 대여섯 시간을 훌쩍 넘길 때가 많다. 간혹 수술 도중에 환자가 중태에 빠지거나 사망에 이르는 경우도 있어서 소송에 휘말리기도 한다. 또 외과는 전통 있는 과라 수술 기술을 교수님께 도제식으로 배우는데, 기술 하나 배우기도 쉽지 않다는 얘기도 있다.

나는 첫날부터 수술실에 들어가게 되었다. 수술팀은 집도의, 어시스턴트1, 어시스턴트2, 순환 간호사, 마취과 전문의로 구성되는데, 나는 어시스턴트의 역할을 수행했다. 수술실에는 한 치의 실수도 용납되지 않을 듯한 긴장감이 감돌았다. 외과 수술은 개복 부위가 넓어서 감염 위험이 높다. 그러다 보니 모든 과정이 엄격하게 진행된다. 손톱부터 팔꿈치까지 적어도 50번은 비누로 문지르고 닦은 뒤에야 수술 장갑을 낄 수 있고, 수술복을 입은 뒤에는 함부로 뒤를 돌아보거나 고개를 옆으로 돌려서는 안 된다. 누군가의 옆으로 지나갈 때는 수술복의 끝자락이라도 손에 절대 닿지 않도록 등을 맞대고 걸어야 한다. 실수로 비멸균 상태인 스위치를 스쳐도 수술복과 장갑을 다 벗어야 한다. 움직임 하나하나가 통제되는 곳이라 절로 긴장된다. 다급한 상황에서는 큰소리가 오고 갔고, 서투르고 모자란 사람은 수술실에서 쫓겨나기도 했다. 나 또한 외과를 돌면서 몇 번이나 휴학을 고민할 정도로 극심한 긴장감에 시달렸다. 손에 칼 하나 쥐지 않았는데도 수술실의 압박이 너무 크게 다가왔다. 어쩌다 혼나기라도 하면 가슴이 철렁했다.

그러나 시간이 가면서 외과에 대한 인상이 점차 바뀌었다. 내 마음도 조금 달라졌다. 외과 교수님들은 환자가 외상으로 입은 정신적 충격도 상처가 된다는 것을 잘 알고 계셨고, 회진 때마다 이야기를 끝까지 경청하고 농담으로 긴장을 풀어주려고 하셨다. 수술실에서 본 교수님의 무섭고 엄격한 인상은 온데간데없고 환자들에게만큼은 더없이 따뜻하셨다. 환자들 또한 의사에게 진심으로 감사의 마음을 표현했고, 나는 이 모든 과정을 지켜보며 깊은 감동을 받았다.

수술실의 트라우마를 아직 완전히 극복하지는 못했다. 수술실을 떠올리면 여전히 무섭고 긴장이 된다. 하지만 외과 실습은 의대생에게 반드시 필요한 과정이다. 현장의 엄격한 분위기를 참관하면서 값진 배움을 얻었다. 필수 진료과가 기피 과가 되어버린 의료 현실이 안타깝지만 나만은 외면하지 말아야지. 의사가 되면 의료 환경을 개선하는 데에도 작은 보탬이 되고 싶다는 비전을 품게 되었다. 다른 과보다 오랜 시간 배운 만큼 강렬한 인상을 남긴 외과 실습은 앞으로 내가 해야 할 일이 무엇인지 깊게 사유하는 계기가 되어주었다.

함께 헤쳐나간다는
마음으로

넷플릭스 다큐멘터리 「서전스 컷: 수술대 위의 개척자들」을 봤다. 1화에는 런던 킹스 칼리지 병원의 태아 수술 개척자로 알려진 키프로스 니콜라이디스Kypros Nicolaides 교수가 나온다. 니콜라이디스 교수는 쌍태아수혈증후군(쌍둥이 태아에게 가는 혈류량에 차이가 나 생기는 질환)으로 쌍둥이 태아 중 한 명이 죽을 확률이 90퍼센트였던 시절에 내시경 레이저 수술을 개발해(1992년) 쌍둥이 태아 모두 살 확률 90퍼센트로 완전히 뒤집어 버린 인물이다. 이후 이 수술은 전 세계 표준 치료로 자리 잡았다.

다큐멘터리는 니콜라이디스 교수가 산모가 깨어 있는 상태에서 태아 수술을 하는 장면을 보여준다. 교수는 산모에게 한 손은 남편을 잡고 한 손은 놀고 있는 자신의 손을 잡으라고 말했다. 아프면 자기 팔을 부러뜨려도 된다고 하면서. 환자의 긴장을 푸는 동시에 관계를 편하게 맺는 방법이라고 했다. 그러면서 매 동작이 끝날 때마다 수술 절차에 대해 설명을 덧붙였다.

"잘하셨어요, 제일 아픈 건 이제 다 끝났어요."
"이제부터는 아픈 느낌 없을 텐데요, 그렇죠?"
"눈은 왼쪽을 보고 있으면 편합니다."
"내려갑니다. 이제 아랫입술. 드디어 기도네요. 우리는 여기서 풍선을 집어넣을 겁니다."

자신이 판단하는 과정을 혼자 속으로만 생각하지 않고 매 장면마다 설명해주는 모습이 인상 깊었다. 긴장한 탓에 시선을 어디에 두어야 할지 무슨 자세로 있어야 할지 당황하는 환자의 마음을 이렇게 이해하고 배려하는 의사가 있을까. 환자와 손을 맞잡은 그는 '함께 수술을 헤쳐나간다'는 공동체 의식이 환자를 강하게 만든다고 믿었다. 그는 환자를 수술에 적극적으로 참여시키는 방법과, 환자가 지켜보는 만큼 본인도 최선을 다할 수 있게 이끄는 방법을 잘 알고 있었다.

나는 어떤 의사가 되어야 할까? 내게 의사라는 직업은 단순히 직업이 아니다. 인생을 마감하는 날까지 이어갈 배움이고 업이다. 내가 가진 능력으로 세상에 도움을 주는 존재로서 살고 싶다. 환자들에게 꾸준히 관심을 가지고 도우며 그들의 삶을 기록하는 일. 나의 이익보다 환자의 건강을 먼저 생각하는 태도를 갖는 일. 그 진심을 아는 환자들과 끈끈하게 인연을 이어가는 일. 감성으로 환자의 심정을 이해하고 이성으로 냉철한 판단을 내리는 일. 환자 인생의 일부를 내가 결정한다는 책임감을 가지는 일. 어려운 의료 지식을 쉽게 풀어 환자에게 설명하고 단순한 그림으로 이해시켜 의사결정에 참여하도록 돕는 일. 이것들이 의사로서의 내 목표다. 의료도 사람이 하는 일이기 때문에 의사와 환자의 마음이 함께 동할 때마다 학문적으로도 한 걸음씩 내딛게 될 거라고 확신한다.

　다양성 속에서 서로를 존중하는 의료 사회를 그려본다. 다른 사람의 의견을 존중하고 새로운 시도를 너그럽게 수용하는 사람이 되고 싶다. 관습에서 벗어나 창의력을 발휘할 때 우리는 결국엔 더 많은 생명을 살리는 기적을 일으킬 수 있다.

미혼모를 위한
학교

아이를 갖기 전까지는 미혼모의 삶을 상상해본 적이 없다. 미디어에서만 접했지 실제로는 미혼모를 만날 기회조차 없었다. 하지만 곧 학업과 육아의 난관에 봉착해 그들과 비슷한 입장이 되자 미혼모의 고충을 조금씩 이해할 수 있었다.

의대 공부와 육아를 병행해 온 지난 몇 년을 돌아보았다. 주말 내내 육아를 하다가 일요일 오후가 되어서야 간신히 책을 펼친다. 이미 밀린 공부 분량을 아침까지 단숨에 소화하려니 무척 버겁다. 하루에도 몇 번씩 다 놓아버리고 싶은 순간이 온다. 그럼에도 포기하지 않고 달려올 수 있었던 데에는 주위의 도움이 컸다. 하지만 미혼모 중에는 아기를 가졌다는 이유로 가족과 인연을 끊고, 사회와 나눠야 할 짐을 홀로 지고 살아가는 이들이 대부분이다.

미국의 몇몇 주에는 아기를 낳은 10대 청소년이 육아 때문에 학교를 나가지 못하면 학업이 중단되지 않도록 선생님이 가정 방문을 하는 홈바운드 시스템이 마련되어 있다. 학생이 어떤 상황에 처해 있든 학습의 권리를 보장해야 한다는 교육 이념이 깔려 있어서 가능한 제도다.

우리나라는 현재 미혼모를 위한 복지시설은 있지만 양육과 기본 생활만을 지원하는 곳이 주를 이룬다. 학교와 같은 전인적 교육이 이뤄지는 곳은 거의 없다. 미혼모의 길을 선택한 이들도 적지만, 자퇴한 후에 학업을 포기하지 않고 대안학교에 입학하는 일은 더욱 드물다. 일반적인 학생으로서의 일상생활을 기대하기는 무척 힘들다. 이들은 최저생계비라도 마련하기 위해 자퇴 후 아르바이트를 전전한다. 어느 날은 아기를 봐줄 사람이 없어 발을 동동 구르고, 어느 날은 유통기한이 지난 편의점 음식을 먹으며 우울감을 겪는다. 두 시간마다 먹여야 하는 분유 주기를 맞추느라 정작 성장기인 본인의 끼니는 거른다. 상황이 이렇다 보니 아이를 봐줄 사람이 없으면 아이를 방치한 채로 외출을 감행하는 경우도 있다. 이런 생활이 반복되면 더 이상 희망이 없다고 생각해 인생을 포기할 수도 있다.

언젠가 미혼모를 위한 학교를 세우는 게 나의 목표다. 학교 밖으로 밀려나간 미혼모들이 다시 돌아올 수 있도록. 그리고 그 전에 학교를 떠나는 일이 없도록. 나는 미혼모와 그의 자녀들의 앞날을 지키고 싶다. 부모로서의 책임을 다하면서도 자신의 꿈을 잃지 않도록 돕고 싶다. 세상은 자랑스러운 부모가 된 그들과 함께 조금 더 성숙해질 것이다.

지금은 내가 가진 능력에 비추어 봤을 때 가당치도 않은 꿈처럼 들릴 수 있다. 하지만 그 꿈이 얼마나 멀리 있든 상상하고 노력하는 것을 포기하지 않는다면, 나는 언젠가 타인을 도울 수 있는 사람이 될 거라고 믿는다. 나 같은 한 사람과 또 다른 한 사람의 관심과 헌신이 모이면 기적을 만들 수 있다. 그리고 그 기적들이 모여 세상은 반드시 좋아질 것이다. 나도 잘하는 게 있지 않은가. 포기하지 않고 누구보다도 열심히 상상하는 것!

한 평짜리 방에서
원대한 꿈을 꾸다

편입 학원을 다니던 2014년 당시 집에서 학원까지는 약 40분이 걸렸다. 편입 시험 준비 막바지가 되자 그 시간도 아깝게 느껴져 학원과 가장 가까운 고시원에 방을 얻었다. 세 달 정도만 버틸 생각으로 여러 곳을 둘러보지도 않고 첫 번째 방문한 고시원을 바로 계약했다. 고시생들이 역경 속에서도 입신양명의 꿈을 품고 밤낮없이 정진하는 풍경이 떠오르는 곳이라 나름 마음에 들었다.

현실 속 고시원에는 고시생만 있는 것이 아니었다. 지방에서 올라와 보증금을 모으고 있는 사람, 학점이 낮아 기숙사 선발에서 떨어진 학생, 급하게 머무를 곳이 필요한 직장인 등 다양한 사정을 가진 피 끓는 청춘이 모여 살았다. 고시원이라는 이름 대신 '리빙텔', '원룸텔', '-하우스'로 변모해 가고 있는 그곳은 주거시설이지만 집이라고 부르긴 어려웠다. 그럴듯한 광고 문구로 현혹하지만 막상 가보면 몇 분만 누워 있어도 가슴이 서늘해지는, 다 똑같이 생긴 한 평짜리 방이었다.

계약 첫날, 아빠 차에서 책과 옷가지를 싣고 올라갔다. 엘리베이터도 없는 고시원의 꼭대기 층으로 책을 옮기고 있는데 사장님이 무슨 공부를 하냐고 물어보았다. 나중에 알고 보니 나는 이 고시원에서 수험 생활을 하는 유일한 사람이었다.

고시원에 들어온 지 일주일 만에 생활 패턴이 달라졌다. 짐이나 쓰레기를 최대한 만들지 않으려고 어쩔 수 없이 미니멀 라이프를 살게 되었다. 마시던 커피도 들고 귀가하는 일이 없도록 전부 밖에서 해치우고 왔고, 인근 편의점에서 간식을 사도 그 자리에서 포장지는 다 벗겨 버리고 왔다. 대부분의 연락은 전화가 아닌 문자 메시지로 대체했다. 옷을 두어 번만 갈아입고 던져놔도 도둑맞은 집처럼 되어서 수시로 정리하고 청소해야 했다. 목욕은 출근 시간대를 피해 새벽에 했다. 모두가 잠든 시간에 하는 목욕은 고시원 생활 중 유일하게 허락된 여유였다. 문고리도 조심조심 돌려 열었다. 모두가 소음에 민감한데 늘 소음이 있는 이상한 공간. 코를 골며 자는 사람, 늦게 퇴근하거나 새벽에 출근하는 사람들의 인기척으로 밤에도 고요할 틈이 없었다.

학원 앞 고시원에 살자 예상대로 체력을 아낄 수 있었고 이동 시간도 줄여주었다. 그럼에도 그곳에서의 생활은 한 달로 마감했다. 애초에 잠만 잘 곳이라고 생각하고 왔지만 예상하지 못한 어려움이 많았다. 고민 끝에 옵션으로 선택한 창문은 열어둘 때마다 복도를 지나가는 사람들이 힐끗거려서 닫은 채로 지내야만 했다. 어쩌다 한번 하는 전화 통화인데도 5분을 넘겼다가는 바로 내 방을 향해 작정한 듯한 발걸음 소리가 들렸고, 이윽고 방문 앞에는 갈겨 쓴 쪽지가 붙었다. 다음 날이 되면 나는 사죄의 마음을 담아 간식과 답장을 보냈다. 존재하지만 존재하지

않는 사람처럼 살아야 하는 것이 고시원의 암묵적인 생활 수칙
이었다. 그곳에 사는 동안 내 마음의 여유도 한 평으로 줄어들었
다. 멍때리는 시간이 늘었다. 당최 밤낮 구분이 안 가니 학원을
코앞에 두고도 지각이 잦아졌다. 나는 결국 시험 직전에 본가로
복귀했다.

짧게 머물렀던 그곳에서의 기억은 여전히 강렬하게 남아
있다. 나는 비록 소리 없이 운 기억밖에 없지만 누군가는 지금
도 꿈을 키우고 있을 그곳. 고시원 동지들을 위해 간절히 빌어
본다. 목표가 가까워지고 있으니 조금만 더 힘내시라고. 홀로
지내는 나날도 곧 끝난다고. 돈 주고 사야 했던 창문 밖 빗소리
와 햇살도 당연해질 날이 올 거라고.

생의 감각을
일깨우는 일

　　　　　　나의 삼촌은 2016년에 폐암으로 돌아
가셨다. 암 투병 중에도 내 의대 입시 결과에 전전긍긍하며 같
이 슬퍼해주던 가족이었다. 삼촌은 생의 마지막 소망이 내가 의
대에 입학하는 것까지 보고 가는 것이라고 말씀하시곤 했다. 내
가 더 빨리 의사가 되었다면 삼촌이 조금 더 오래 살 수 있었을
까?

대학 졸업을 앞둔 나는 공부로 바빠져 삼촌의 전화를 몇 통씩 놓쳤다. 뒤늦게 전화를 다시 걸면 그때는 삼촌이 독한 항암 치료를 받고 깊은 저녁잠에 빠진 뒤였다. 암은 폐에서 다른 곳으로 빠르게 전이되었고 삼촌은 심해지는 통증에 시달리며 발음이 어눌해지고 정신도 혼미해져 갔다.

인간은 시간, 장소, 사람 순으로 기억을 놓는다. 사람에 대한 기억을 마지막 순간까지 붙들고 있다가 숨을 멈춘다. 나를 딸처럼 여겨 온 삼촌인데 이제는 나에 대한 기억도 흐려지고 있었다. 몇 개월 뒤 어느 날, 전화 한 통이 걸려왔다. 지금 바로 병원으로 오라는 외숙모의 전화였다. 나는 서랍 깊숙이 보관해 둔 임종 편지를 꺼내 들고 차에 몸을 실었다.

나는 훗날 삼촌이 하늘로 올라가는 길에 '가족들이 이렇게 삼촌을 사랑했고 감사했다'고 말해주고 싶어서 임종 편지에 하고 싶은 말을 미리 적어두었다. 우느라 아무 말도 못 할까 봐, 쓰다가 울음이 터져 멈추기를 반복하며 빼곡히 적어 내려간 편지였다. 마지막 1분 1초까지 아껴서 삼촌이 마음 편안하게 가실 수 있도록 도와주고 싶었다.

삼촌은 돌아가시기 며칠 전부터 소변이 안 나오더니 호흡 곤란 증상이 시작되었다. 죽음이 코앞에 다가왔다는 뜻이었다. 내가 도착했을 때는 이미 삼촌이 정신을 잃은 뒤였다. 10분째 심폐소생술을 하고 있었다. 여러 명이 번갈아가면서 침대 위로 올라가 사정없이 삼촌의 심장을 짓눌렀다. 뼈밖에 남지 않은 말기 암 환자의 몸은 곧 부서질 것 같았다. 슬픔이 걷잡을 수 없이 번졌다. 늦게 도착한 나는 삼촌과 눈맞춤 한번 할 시간이 없었다. 이성을 잃은 탓에 준비해 온 편지를 꺼내지도 못했다. 뒤이어 도착한 수녀님들이 삼촌의 임종을 앞두고 기도를 시작했다.

"우리 프란체스코님 지금까지 훌륭하게 살아주셔서 감사합니다. 세상에 태어나 주셔서 감사했습니다. 죽음의 순간까지도 감사합니다. 우리 형제님은 온 세상의 축하를 받은 탄생의 순간부터 이어진 긴 여행을 마치고 돌아갑니다. 이제는 고통 없는 세상에서 편히 잠들고 하늘로 올라가 잠시 기다려주세요. 나도 올라가는 날에 마중 나와 기다려주세요. 그대는 빛나는 하나의 별이 되어, 한 명의 천사가 되어 천국으로 갑니다. 정말 사랑합니다."

삼촌은 아무런 말도 할 수 없었다. 필사적인 심폐소생술이
진행되었고 나는 다 벗겨진 환자복을 주섬주섬 입혀주기에 바
빴다. 의사는 30분이 지나자 소생술을 계속 이어나갈지 물었다.
계속하는 것은 살아 있는 자의 욕심이었다. 외숙모는 고개를
저었다. 몸을 가누지도 못하고 꼬옥 감은 눈에 아무 반응도 보
이지 않는 삼촌은 속속 도착하는 가족들의 목소리에 조용히 마
지막 눈물을 떨궜다. 그것을 어떻게 설명해야 할까. 삼촌의 몸
이 보내는 마지막 대답이었다. 거칠어진 손발의 온기가 점점
식어가다 나무작대기처럼 딱딱해졌다. 마지막에 흘린 삼촌의
뜨거운 눈물은 아름다웠다. 안간힘을 쓰며 보여준 삶의 숭고함
이었다.

그렇게 삼촌은 떠났다. 나는 작별인사 한마디 해주지 못했
다. 삼촌의 죽음 앞에 아무 말도 하지 못한 게 가슴에 사무쳤다.
어른이 되어 팍팍해진 나는 사랑한다는 말 한마디도 연습해야
할 수 있는 사람이었다. 사람이 태어나 가장 먼저 트이고 삶의
가장 마지막 순간까지 살아 있는 감각이 청각이다. 환자의 귀가
닫히기 전에 한마디라도 더 해주고자 환자의 귓가에 대고 속사
포처럼 말을 쏟아내고 생전에 가장 좋아했던 음악을 크게 틀어

주는 이유다. 삼촌이 영안실에 옮겨 갈 때까지도 갑자기 일어나는 건 아닐까 하는 일말의 희망을 놓지 못하고 울었다. 혹시 화장터에 들어간 삼촌의 목숨이 붙어 있는데 저 뜨거운 불덩이에 타 죽는 건 아닐까 하며 울었다. 수의로 준비해 놓은 멋진 옷은 입혀 보지도 못한 채 곁에 쌓아놓고 울었다. 죽기가 싫어 유언조차 남기지 않는 우리 삼촌 같은 환자도 있고, 항암 치료로 목소리를 잃어 말을 하지 못하고 글로만 유서를 남기는 환자도 있다. 세월이 흘러 내가 하늘로 올라갈 날이 오면 그들이 생전에 못 했던 말들을 다 들을 수 있을까?

침상이 비워지고 청소와 소독을 하는 여사님들이 오셔서 한구석도 빼놓지 않고 락스로 벅벅 닦아냈다. 떠나간 자의 흔적을 최대한 지우려는 듯이.

여기, 한 생명이 움켜쥔 것을 모두 내려놓고 떠나갔다. 세상에 영원한 것은 없다. 괴로움과 두려움의 시간은 지나가고 아무것도 남지 않았다. 앙상하게 드러난 뼈로 조립되어 있는 움팡진 몸, 아무런 거동도 하지 못한 채 숨만 붙어 있는 한 사람을 보고 생의 간절함을 느낀다. 참 이기적이게도 이런 모습을 보고서야 살아 있음에 감사한다. 내가 삶의 감사함을 진정으로 알았던 적이 하루라도 있었던가.

죽음은 평등하다. 사람은 누구나 죽는다. 예외는 없다. 그리고 죽음 앞에서는 모든 게 명확해진다. 나는 가족의 죽음을 겪은 뒤, 죽음 앞에서 부질없이 시기하고 질투하고 싸우고 욕하는 짓은 하지 말자고 다짐했다. 남은 사람들을 우리의 생이 아깝지 않게 사랑해 주겠다고.

의사로서 후회없는 삶을 살겠다고 다짐한다. 때로는 원치 않는 죽음을 보게 될 날도 있을 것이다. 삼촌이 돌아가시기 직전까지 살아 있다는 믿음을 저버리지 않은 것처럼, 환자가 마지막 숨을 거두기 전까지 최선을 다해 살려보려는 의지를 내려놓지 않는 의사가 될 것이다.

김연경

Kim Yeon Koung

언제나 당당했을 것 같은 배구 선수 김연경은 어린 시절 키가 작아서 꿈에 대해 부정적인 얘기를 많이 들었다고 한다. "너는 안돼." "그 키로 무슨 배구를 하냐." 하지만 김연경 선수는 20대에 해외로 진출했고, 이에 혼자 있는 시간이 많아지면서 자기 자신에게 집중하게 되었다. 그동안 타인의 이야기만 신경 쓰고 정작 자신의 이야기는 귀담아듣지 않았다는 것을 깨닫게 되어, 내면에서 들려오는 목소리에 더 귀 기울이게 되었다고 한다.

그렇게 다져진 김연경 선수의 당당함은 인터뷰를 할 때 더욱 빛나고, 그의 소신 있는 발언은 늘 화제다. 한 인터뷰에서 향후 거취에 대한 질문을 받은 적이 있다. 당시 그를 영입하고 싶어 하는 팀이 많아서 수많은 배구 팬의 관심이 집중된 사안이었다. 그 질문에 김연경 선수는 이렇게 대답했다.

X X X X X

"그건 그 사람들 생각이고
제 생각이 가장 중요한 것 같습니다.
제가 잘 결정하도록 하겠습니다."

김연경

나의 상상을 현실로 만드는
나.상.상. 프로젝트

지난 2021년 1월, 내 유튜브 채널 〈클레어〉에서 '열심히 살
겠노라 다짐한 순간들 / 2022년 새해 목표' 영상을 통해 구독자
들과 한 해 목표를 나눴다. 이 영상에만 약 4,300개의 댓글이 달
리며 수많은 사람들의 꿈이 모였고, 지금도 현재진행 중이다.
일상의 사소한 목표부터 연 단위의 크고 거대한 계획까지 꿈을
이뤄나가는 여정에 모두가 함께했다.

출간을 준비하고 2022년 새해를 맞아 다시 한번 구독자분들에게 새해에 이루고 싶은 목표 세 가지를 물었다. 수많은 분이 진심으로 써 내려간 간절한 목표들을 하나하나 꼼꼼히 읽어보고 그중 98분을 선정해 이 책에 싣기로 했다. 98명과 나, 그리고 지금 이 책을 읽고 있는 독자 여러분까지 포함해 총 100명의 목표를 모아 나의 상상은 현실이 된다는 책 제목처럼 꿈꿔왔던 모든 것이 이루어지기를 바라며 '나.상.상. 프로젝트'라고 이름을 붙였다.

앞으로도 나는 유튜브 채널, 인스타그램 등을 통해 꿈을 이루어나가는 모든 과정을 생생히 기록하고 나누고자 한다. 또한 목표 달성을 위해 노력하는 모든 분의 성장 러닝메이트가 되어 같이 달리고 싶다.

나.상.상. 프로젝트에 함께해 주세요.

인스타그램 해시태그

#나의상상은현실이된다   #나상상프로젝트

러닝메이트
100인의 목표

001
클레어 이도원

- 의사 국가고시 합격하기
- 물건 잃어버리지 않기
- 용기와 영감을 주는 작가 되기

002
유미의 입자들

- 약학대학 편입 성공하기
- 강박증 줄이기
- 살가운 딸, 손녀 되기

003
cycc

- 의사 국가고시 잘 보기
- 혼자 잘 지내기
- 몸과 마음이 건강한 사람 되기

004
지안이 엄마

- 나만을 위한 연차 쓰기
- 자신 있는 요리 세 가지 습득해 두기
- 근무복 입고 가족사진 찍기

005
좐민

- 건강하게 전역하기
- 코딩 배우기
- 여자친구 사귀기

006
지나감이 나에게 오는 그 순간까지
- 알바해서 부모님 사업 임대료 보태드리기
- 지금 이 순간을 값지게 여기기
- 완벽하지 않은 이대로의 내 모습을 누구보다 사랑해 주기(평생 숙제)

007
조아영
- 아기 돌잔치 멋지게 해주기
- 생활스포츠지도자2급 자격증, 간호조무사 자격증 따기
- 임신해서 찐 살 다 빼기

008
반짝이맘
- 현명하고 즐겁고 행복하게 육아하기
- 자투리 시간 낭비하지 않고 틈틈이 공부하기
- 운동, 독서, 블로그 꾸준히 하기

009
SKY
- 원하는 사람과 결혼하기
- 가족 건강하게 잘 지내기
- 일에서 인정받기

010
최선이
- 체지방 10퍼센트 미만으로 줄이고 바디프로필 찍기
- 패럴렛 바에서 풀 플란체로 5초 버티기
- 3×3×3 큐브 맞추기 30회 평균 14초대 이하 달성하기

011
현블리
- 엄마로서 내가 좋아하는 것, 즐기는 것 찾기
- 공인중개사 공부하기
- 첫아이 학교 갈 준비 시키기

012
산책
- 책 50권 이상 읽기
- 일과 마치고 감사일기 쓰기
- 근황이 궁금한 사람에게 용기 내서 먼저 연락하기

013
Lauren
- 수능 전 과목 2등급 달성하기
- 잠자기 30분 전 휴대폰 사용하지 않기
- 체중 10킬로그램 감량하기

014
시후저금통
- 월 1회 책 한 권 읽기
- 다이어트(5킬로그램 감량) 하기
- 대출 갚기

015
바다
- 9급 공무원 시험 합격하기
- 이사하기
- 차 바꾸기

016
돋는햇살
- 매일 블로그에 식단일기와 감정일기를 영어로 써서 체중 관리와 영어 공부 동시에 하기
- 매일 아침 'Jesus Calling'을 영어로 듣고, 읽고 블로그에 영어로 묵상 내용 기록하기
- CDA 자격증 취득하기

017
맹이
- 1종 대형 면허 취득하기
- 화훼장식기능사 자격증 취득하기
- 캐나다 워킹홀리데이 적응하기

018
복이언니
- 디저트 베이킹 레시피 다섯 가지 완전히 습득해서 영상 만들기
- 결혼하는 5월까지 5킬로그램 감량 후 유지하기
- 6월부터 연말까지 새롭게 천만 원 모으기

019
림세
- 임용시험 2차 합격하기
- 내후년 결혼 준비 잘 하기
- 흔들리지 않고 건강한 마음가짐 유지하기

020
니지뚜
- 수도권 임용시험 최종 합격
- 서울살이 적응하기
- 주 3회 이상 운동하기

021
fantast
- 시도하기 전에 겁먹지 말고 도전을 즐기기
- 넷플릭스로 드라마 보는 대신 책 많이 읽기
- 대가 바라지 않고 선의 베풀기

022
보라색토끼

- 제주도의 사계절 보기
- 토익 900점 넘기기
- 책 50권 읽기

023
초이가은

- 체력과 유연성 길러서 바디프로필 촬영하기
- 프리다이빙, 스쿠버다이빙 강사 자격증 취득하기
- 수화 배워서 봉사활동 나가서 수어로 대화하기

024
연더미

- 하루에 한 번 칭찬하기
- 자격증 따기(뭐가 됐든 OK)
- 나 가꾸기

025
20학번김애리

- 간호학과 20학번 동기들과 3학년 병원 실습 잘 마무리하기
- 세 살 아기와 하루 세 시간씩 꼭 같이 놀아주기
- 힘들어도 웃기

026
끌림츄

- 브런치 작가 되기
- 긍정 에너지와 사랑으로 둘째 아이 품고 8월에 건강하게 출산하기
- 블로그 활동으로 최소 300만 원 수입 만들기

027
아름

- "나는 예쁘다! 나는 잘할 수 있다! 나는 해낸다!" 스스로 칭찬하기
- 못 하겠다고 뒤로 숨지 않고 적극적으로 나대기
- 일기 쓰면서 나의 감정을 있는 그대로 들여다보기

028
미미 집사

- 농협 합격하기
- 다리 회복하고 근력 키우기
- 한 달에 책 한 권씩 읽기

029
채민

- 고등학교 2학년 내신 1.0 유지하기
- 의대 입시 준비하기
- 나를 더 사랑하고 믿어주기

030
러블

✦ 나 자신을 믿고 사랑하기

✦ 불안해하지 않고 현재에 집중하며 매일 후회 없이 열심히 살기

✦ 모든 순간에 최선을 다하고 즐기기

031
정은

✦ 2022년 지방 간호직 8급 최종 합격하기

✦ 부모님과 10년 넘게 못 간 가족 여행 가기

✦ 주위 사람에게 진심으로 베푸는 선한 사람 되기

032
돌고래

✦ 내 아픔에 대해 생각하고 스스로 진심 어린 조언과 사랑 주기

✦ 경찰 필기시험 합격하기

✦ 더 나은 인간관계 만들기

033
희올

✦ 다년간 먹던 우울증 약 서서히 끊기

✦ 50킬로그램 감량해 원래 몸무게로 돌아가기

✦ 새로운 직업에 도전하기

034
올럭표도

✦ 노무사 2차 시험 네 과목 전부 답안지 작성 후 제출하고 나오기

✦ 게으름 피우지 말고 꾸준히 운동하기

✦ 일주일에 세 번 부모님께 전화로 안부 묻기

035
이시형

✦ 건강하게 전역하기

✦ 복학 전까지 코딩 독학하기

✦ 운동 꾸준히 해서 원하는 몸 만들기

036
시작

✦ 수술 잘 끝내고 재활 열심히 해서 건강하게 새로운 삶 살기

✦ 강아지 잘 케어해서 건강하게 함께 살기

✦ 내가 하고 싶은 일 찾아서 미친 듯이 해보기

037
수땡이

✦ 플로리스트로 이직 준비하기
(식물도감 공부, 웨딩반 학원 하나 더 수강하기)

✦ 운전면허 취득하기

✦ 현실에 충실하며 자기 전 마음챙김 습관 갖기

038
양미니

+ 건축기사 시험 합격하기
+ 그림, 작곡 성과물 내기
+ 직장에서 최대한 버티기

039
워니

+ 지방직 공무원 최종 합격하기
+ 가족, 강아지와 시간 많이 보내기
+ 자존감 되찾고 행복해지기

040
y_our_ssong

+ 내가 맡은 일과 이루고자 하는 목표에 흔들림 없이 몰두하기
+ 많은 것을 사랑하되 모든 것을 다 끌어안으려 하지 않기
+ 음악, 영상, 프로젝트 등 어떤 것이든 내 이름 걸고 결과물 내기

041
리트LIT

+ 꿈을 찾고 꿈을 위해 매일 최선을 다하며 살기
+ 힘들다고 중간에 포기하지 않기
+ 하루하루를 소중하게 생각하며 살아가기

042
lohabi

+ 아이를 꽉 채워 사랑해 주기
+ 아이를 위한 동화책 만들어 주기
+ 나를 위해 운동 시작하기

043
규민

+ 계약직은 이제 그만, 정규직으로 자리 잡기
+ 남에게 보여주기 위함이 아닌 나 자신의 건강을 위해 꾸준히 운동하기
+ 스쿠버다이빙 로그 수 10회 이상 채우기

044
이세희

+ 합격한 대학에서 하고 싶은 생명과학 공부와 교육 환경 맘껏 누리기
+ 내면이 단단한 스무 살 되기
+ 알바하면서 수험생 딸 키워내느라 고생한 우리 엄마 예쁜 옷 한 벌 사주기

045
방수민

+ 군대 가기 전까지 우리나라 산 스무 곳 등산하기
+ 다치지 않고 즐겁게 군 생활 하기
+ 2년간 수험 생활 한 만큼 대학 생활 즐기기

046
개미와베짱이
+ 취업하기
+ 영어 원서 한 달에 두 권 읽기
+ 일주일에 세 번 공원 한 바퀴 돌기

047
성실
+ 22년 상반기 코레일 수도권 기관사 합격하기
+ 그러기 위해 지금부터 나 자신을 철저히 믿고 배신하지 않기
+ 꾸준히 지치지 않고 롱런하기

048
밍아
+ 서른 살 진로 고민 열정적으로 해서 좋아하는 것 찾기
+ 꿈을 찾은 뒤에는 주변 환경 신경 쓰지 말고 전진하기
+ 게을리하지 않고 꼭 이뤄내기

049
호두양
+ 우울증, 불면증 극복하기
+ 남과 비교하지 않는 삶 살기
+ 진정으로 하고자 하는 일 찾기

050
인이
+ 엄마표 유일무이 고등어찜 완벽히 배워두기
+ 걷기로 '확 찐 자' 벗어나기
+ 장롱면허 탈출하기

051
SISU
+ 추워도 일주일에 세 번 이상 달리기
+ 책 한 달에 한 권 다양한 장르로 읽기
+ 셀프 피드백을 위한 커리어 일지 쓰기

052
스리
+ 22년 검찰수사관 최종 합격하기
+ 엄마랑 강원도 여행 가기
+ 남과 비교하지 않고 마음을 가꿔 한층 더 성장하기

053
따뜻한 물
+ 하루하루 에너지 있게 살아가기
+ 피아노, 춤, 독서로 균형 잡힌 취미 생활 하기
+ 내면의 목소리를 들으며 나를 있는 그대로 이해하고 받아들이기

054
다봉이
- 꼭 일하고 싶은 직장으로 취업하기
- 운동해서 지방 7킬로그램 빼기
- 힘들 때 위로해 줄 취미생활 찾기

058
김민규
- 프로그래밍 언어 하나 마스터하기
- TOEIC 700점 달성하기
- 제과기능사 실기시험 합격하기

055
꼬르끼
- 나의 단점에서 개선할 수 있는 것 찾기
- 열심히 글 쓰고 생각하고 영화 보기
- 2021년의 연장선이 되는 한 해 보내기(지금처럼만 살기)

059
올라프
- 우울증 완치하기
- 2023년 동국대 편입하기
- 하루에 한 번씩 감사일기 쓰고 필사하기

056
JUMO
- 월 100만 원씩 적금하기
- 수면 시간 조절하기
- 부모님과 하루 한 번 통화하기

060
말랑말랑
- 피폐한 N수 생활 끝내고 원하는 대학 합격하기
- 체중 20킬로그램 감량하기
- 선한 영향력 끼치기

057
현미니
- 나를 믿고 사랑하기
- 주어진 일에 불평하지 않고 감사하며 열심히 살기
- 내 사람들과 2022년 나에게 올 인연들에게 예쁜 생각으로 예쁜 말 해주기

061
공니
- 오늘 완벽하게 살지 못했다고 자책하기보다 내일 아침을 조금 더 일찍 시작하면 된다는 마음가짐 가지기
- 새로운 것을 두려워하지 말고 일단 시도해 보기
- 매일 성실하게 살며 열심히 취업 준비하기

062

dusrbchl

- 꿈을 이룬 지금 내가 갈 방향 잡기
- 내 사람들 다시 한번 되돌아보기
- 진정한 행복 찾기

063

세수하맘

- 둘째 아이 초등학교 입학 전에 한글 떼기
- 아이들에게 화 적게 내기
- 육아서 많이 읽고 독서 기록하기

064

평범한 주부

- 우리 아들딸과 재미나게 놀아주기
- 요가, 필라테스 열심히 해서 물구나무서기 성공하기
- 겁먹지 말고 엄마표 영어 시작하기

065

샛별

- 아이들을 위해 육아 공부하기(매일 하루 한 편 이상 육아 유튜브 보거나 책 읽기)
- 한 달에 최소 250만 원씩 모아서 1년간 3천만 원 모으기
- 하루에 한 가지씩 버리거나 팔기(미니멀 라이프 실천)

066

jokm

- 자신 있게 내 생각 표현하기
- 다른 사람 말에 경청하며 공감하기
- 구체적으로 삶을 그릴 수 있도록 계획 세우기

067

예딩이

- 현실에 안주하지 않고 끊임없이 도전하기
- 꾸준히 운동해서 몸 건강히 하기
- 나 자신을 다독여 주고 칭찬해 주기

068

승진이

- 연애하기
- 한 달에 책 두 권씩 읽기
- 바이올린 시작하기

069

소연

- 애견미용2급 자격증 따고 애견미용사로 일하기
- 항상 감사하며 긍정적이고 열정적으로 살기
- 까꿍이랑 뚜부랑 같이 행복하기

070

문척

◆ 백수 탈출하기

◆ 집에 처박혀 있지 말고 밖에 나가서 긍정
마인드 쌓기

071

현콩이

◆ 친구들과 스터디그룹 만들어 활동하기

◆ 학생회장 선거 나가기

◆ 좋은 사람 되기

072

샤오룽바오

◆ 서울대 대학원 교육학과 입학하기

◆ 7월에 태어날 둘째 아기와 행복한 100일
보내기

◆ 필라테스와 식이요법으로 건강하게
다이어트하기

073

J헤일리

◆ 아동발달센터에서 작업치료사 실습 잘
끝내기

◆ 취미로 배우는 피아노 틈틈이 연습하기

◆ 2022년 12월 국가고시 자격증 합격을
위해 열심히 공부하기

074

하슬

◆ 시놉시스와 대본 절반이라도 완성하기

◆ 한 달에 책 두 권 읽기

◆ 나만의 루틴 만들기

075

태하태하

◆ 책 열 권 읽기

◆ 체중 10킬로그램 감량하기

◆ 음악 영상 열 편 만들기

076

나는선미

◆ 2022년 변리사 동차 합격하기

◆ 다이어트 멋지게 성공하고 프로필 사진
찍기

◆ 긍정적인 마음가짐으로 자주 웃기

077

민종

◆ 다친 무릎 완치해서 전역하기

◆ 늦었다 생각하지 말고 열심히 공부해서
복학하고 졸업해서 목표 이루기

◆ 운동 더 열심히 해서 대회 몸무게
65킬로그램 맞추고 첫 대회 나가기

087
봄별
- 아들 순산하기
- 병원 취업하기
- 매일 육아 및 개인 일기 쓰기

088
케빈
- 석사 졸업하기
- 프로젝트 준비하기
- 29세 기념 프로필 사진 찍기

089
최민기
- 졸업하기
- 취업하기
- 벌크업하기

090
JWP
- 소방공무원 0.1배수 최종 합격하기
- 임용시험 유예, 간호학과 복학하기
- 주변 사람 모두의 건강 기원하기

091
Glock34
- 군사·경제·정치· IT 이해하기
- 책 100권 이상 읽기
- 플란체 입문하기

092
버터
- 구찌 코리아 입사하기
- 오픽 IH 받기
- 아빠를 사랑하는 딸 되기

093
정진
- 한의대 합격하기
- 매일 5시 기상하기
- 매일 잠들기 전 하루 성찰하기

094
keemjungho
- 자산 1억 만들기
- 타투하기
- 스노클링 자격증 따기

095
박철

- 어머니 허리 고쳐드리기
- 가족 건강 챙기기
- 사랑하는 사람들 얼굴 자주 보기

096
백

- 데뷔하기
- 완치하기
- 돈 모으기

097
김유민

- 창업으로 인생 역전하기
- 누군가에게 희망의 씨앗 되기

098
mylee

- 내 책 써서 작가 되기
- 해외 출장, 해외여행 가기
- 마음으로 대화가 통하는 짝꿍 만나기

099
좌나

- 쇼핑몰 운영하기
- DIY 러그 만들어서 주변 사람들에게 선물하기
- 하루를 기록하는 습관 기르기

100

나의 상상은
현실이 된다

초판 1쇄 인쇄 2022년 1월 28일
초판 1쇄 발행 2022년 2월 9일

지은이 이도원
펴낸이 김선식

경영총괄 김은영
기획 김보람 **책임편집** 박하빈 **디자인** 이은혜 **책임마케터** 이미진
콘텐츠사업2팀장 김보람 **콘텐츠사업2팀** 이은혜, 박하빈, 이상화, 채윤지
마케팅본부장 권장규 **마케팅3팀** 이미진, 배한진
미디어홍보본부장 정명찬 **홍보팀** 안지혜, 김민정, 이소영, 김은지, 박재연, 오수미
뉴미디어팀 허지호, 박지수, 임유나, 송희진, 홍수경
저작권팀 한승빈, 김재원 **편집관리팀** 조세현, 백설희
경영관리본부 하미선, 박상민, 윤이경, 김소영, 이소희, 안혜선, 이우철, 김재경, 최완규, 이지우,
김혜진, 오지영

펴낸곳 다산북스 **출판등록** 2005년 12월 23일 제313-2005-00277호
주소 경기도 파주시 회동길 490
대표전화 02-704-1724 **팩스** 02-703-2219 **이메일** dasanbooks@dasanbooks.com
홈페이지 www.dasanbooks.com **블로그** blog.naver.com/dasan_books
종이 아이피피 **인쇄·제본** 갑우문화사 **후가공** 평창피앤지

ISBN 979-11-306-7997-6 (03190)